LA NUMÉROLOGIE

LES PRÉVISIONS DE VOS CYCLES PERSONNELS

Catalogage avant publication de Bibliothèque et Archives nationales du Québec et Bibliothèque et Archives Canada

Savard, Claire
La numérologie : les prévisions de vos cycles personnels
(Collection Divinaction)
Comprend des références bibliographiques.
ISBN 978-2-89436-541-0
1. Numérologie. I. Titre.
BF1623.P9S283 2014 133.3'354 C2014-941557-5

Nous reconnaissons l'aide financière du gouvernement du Canada par l'entremise du Fonds du livre du Canada (FLC) pour nos activités d'édition.

Nous remercions la Société de développement des entreprises culturelles du Québec (SODEC) pour son appui à notre programme de publication.

Gouvernement du Québec – Programme de crédit d'impôt pour l'édition de livres – Gestion SODEC.

Infographie de la couverture : Marjorie Patry
Mise en pages : Josée Larrivée
Révision linguistique : Amélie Lapierre
Correction d'épreuves : Michèle Blais

Éditeur : Les Éditions Le Dauphin Blanc inc.
Complexe Lebourgneuf, bureau 125
825, boulevard Lebourgneuf
Québec (Québec) G2J 0B9 CANADA
Tél. : 418 845-4045 Téléc. : 418 845-1933
Courriel : info@dauphinblanc.com
Site web : www.dauphinblanc.com

ISBN version papier : 978-2-89436-541-0
ISBN version numérique epdf : 978-2-89436-542-7
ISBN version numérique epub : 978-2-89436-543-4
ISBN version numérique mobi : 978-2-89436-544-1

Dépôt légal : 3e trimestre 2014
Bibliothèque nationale du Québec
Bibliothèque et Archives Canada
Données de catalogage disponibles auprès de Bibliothèque et Archives nationales du Québec.

Imprimé au Canada

Claire Savard

LA NUMÉROLOGIE

LES PRÉVISIONS DE VOS CYCLES PERSONNELS

Collection Divin*action*

Le Dauphin Blanc

De la même auteure aux Éditions Le Dauphin Blanc dans la collection Divin*action* :

La Numérologie, *Le code secret de votre nom*, 2014

La Numérologie, *Le message caché de votre date de naissance,* 2014

La Chirologie, *Votre destin dans les lignes de votre main*, 2014

TABLE DES MATIÈRES

Je dédie ce livre à tous mes lecteurs
en quête de réponses et de signes du destin.

REMERCIEMENTS

Je tiens à remercier mon éditeur, monsieur Alain Williamson, pour sa collaboration et de m'avoir incitée à écrire plusieurs ouvrages, au lieu d'un seul.

Je remercie également l'univers de m'avoir guidée et inspirée.

INTRODUCTION

Tout dans la vie est cycles, périodicités et vibrations. Chaque être vivant est un arrangement de molécules qui tiennent ensemble grâce à des champs d'énergie. Même la matière est constituée de particules d'énergie qui vibrent à différentes fréquences. Ces vibrations sont de l'information codée, organisée en systèmes qui régissent les plus infimes particules jusqu'aux plus vastes galaxies. On peut donc découvrir de l'ordre et des formules mathématiques partout: dans la nature (géométrie fractale), dans l'architecture (nombre d'or de la grande pyramide de Gizeh), dans le cosmos (régularité mathématique du mouvement des planètes et des corps célestes), dans la musique et même dans le code de l'ADN. Les nombres reflètent cet ordre et nous donnent la technologie pour pouvoir déchiffrer les lois de l'univers et comprendre le sens de la vie.

Notre vie, comme tout dans l'univers, répond à un ordre et est synchronisée. Le temps mène le monde et il fait aussi partie de cet ordre universel. Notre plus grande compréhension de l'ordre change aussi la manière dont nous expérimentons l'espace et le temps. La synchronicité et les perceptions extrasensorielles sont un aperçu de l'ordre sous-jacent qui existe et que notre esprit rationnel ne peut pas comprendre.

Cet ordre, qui ne peut être que pressenti intuitivement, est d'ailleurs en train d'être prouvé par la physique quantique.

Temps

Il existe deux sortes de temps et les Grecs avaient un nom pour chacun de ces mouvements différents: *kronos*, le temps linéaire de l'humanité, celui des horloges et des calendriers, et *kairos*, le temps non linéaire, celui de l'univers, des interruptions qui entraînent des opportunités. *Kronos* correspond aux chiffres mathématiques, les chiffres matériels utilisés en comptabilité. *Kairos* correspond aux chiffres vibratoires, les chiffres symboliques utilisés en numérologie. Votre date de naissance sert à calculer le temps de *kairos* et vos cycles de synchronicité.

Selon Wikipédia, «le *kairos* est le temps de l'occasion opportune. […] Le dieu grec Kairos est représenté par un jeune homme qui ne porte qu'une touffe de cheveux sur la tête. Quand il passe à notre proximité, il y a trois possibilités: 1) on ne le voit pas; 2) on le voit et on ne fait rien; 3) au moment où il passe, on tend la main pour saisir sa touffe de cheveux et on saisit ainsi l'occasion. *Kairos* a donné en latin *opportunitas* (*opportunité*, “saisir l'occasion”).» D'après le célèbre psychiatre Carl Gustav Jung, les coïncidences significatives (la synchronicité) demeurent une force qui dépasse largement les lois scientifiques et seraient des signes que Dieu utilise pour s'adresser aux humains.

Synchronicité

Pourquoi notre vie serait-elle à la merci du hasard quand tout est si ordonné? Il existe des chanceux passifs nés sous une bonne étoile, mais il y a aussi des chanceux actifs qui, par la connaissance des cycles des nombres, collectionnent les occasions favorables. Cette sorte de chance se provoque et se cultive. Elle est accessible à tous et renouvelable. La chance n'est pas seulement le fruit du hasard. Les gens dont la vie va bien ont compris comment l'univers fonctionne, selon la synchronicité. Il faut profiter des occasions opportunes. Soit nous les saisissons et en profitons pour œuvrer à notre bonne fortune, soit nous ne les voyons pas et notre situation ne s'améliore pas.

Ces étranges coïncidences que nous pouvons expérimenter sont des messages codés de l'univers. Ces expériences de synchronicité peuvent être comprises et anticipées par l'analyse de nos cycles personnels, car, dans l'univers, il existe des rythmes et des énergies à notre service pour nous permettre de maîtriser notre destin. La synchronicité fonctionne, même si nous ne le savons pas ou nous ne le voulons pas ; nous n'avons pas besoin d'y croire pour que cela nous influence. Il suffit d'être à l'affût pour savoir quand les énergies concordent avec nos désirs. Quand cela se produit, cela nous fait vibrer, car cela entre en résonance avec la vibration de nos nombres, avec ce que nous sommes.

La numérologie nous permet de calculer nos cycles personnels. Vous saurez dans quelles circonstances entreprendre une action particulière. Aller dans le sens des nombres correspondant à vos cycles vous donnera une existence plus agréable. Il faut aller dans le sens de la vague et ne pas commencer une activité quand une période est plutôt propice pour terminer des projets. Cela demandera alors beaucoup plus d'énergie, car vous nagez contre le courant. Si vous êtes constamment désynchronisé, vous pourrez vivre de grands accomplissements, mais vous lutterez beaucoup pour réaliser vos désirs. Il vaut donc mieux vous harmoniser avec l'énergie du moment, même pour une activité commerciale.

Il y a des personnes qui ne foncent jamais quand c'est le temps. Il y a des périodes et des moments dans la vie où nous ne devons rien faire, où nous devons être patients et ne pas intervenir. C'est à ce moment que nous devons lâcher prise et attendre que se présentent le bon moment et la bonne façon d'intervenir. Mais, il y a aussi des périodes où c'est tout le contraire, des moments où nous devons intervenir et « mettre le paquet ». Et si nous laissons passer cette occasion, elle ne se représentera peut-être pas avant longtemps. Nous devons agir sur ce qui dépend de nous. Ensuite, nous nous détendons et lâchons prise.

Libre arbitre

Les cycles des nombres nous donnent de l'information pour faire des choix éclairés. Ils ne prédisent pas si oui ou non une personne fera telle ou telle action. Ils ne font qu'indiquer les conditions du moment, le bon *timing* et la meilleure route à suivre, un peu comme la météo. C'est à la personne de décider si elle entreprendra ou non telle démarche, mais en connaissance de cause. Nous pouvons toujours exercer notre libre arbitre pour répondre sagement ou imprudemment aux défis et occasions que les cycles nous apportent. Si nous ne le faisons pas, nous pouvons nous plaindre et dire que le destin est cruel, ce qui n'est pas vrai. « Aide-toi et le ciel t'aidera. » Cette phrase est pertinente, car il est préférable d'éviter de prendre les événements comme ils viennent et de tourner en rond sans boussole.

Par exemple, si une tornade doit traverser votre ville bientôt, n'aimeriez-vous pas le savoir à l'avance pour vous organiser ? Ceux qui discréditent la numérologie parce qu'un événement ne semble pas concorder avec une période donnée sont comme ceux qui se débarrasseraient du calendrier parce qu'une journée en février fut plus chaude. Si cette même tornade ne détruit pas votre maison, est-ce que cela signifie qu'elle n'existe pas ? Ces cycles sont consistants et universels et ils vous influencent, que vous le croyiez ou non, aussi sûrement que les saisons se succèdent chaque année. Nous pouvons consciemment ignorer ces cycles répétitifs ou nous pouvons essayer de les étudier pour planifier nos activités et identifier les périodes favorables. Les ignorer nous met dans une situation où nous sommes constamment surpris et non préparés à ce qui nous arrive.

Cycles personnels

Plusieurs cycles dans notre vie sont analogues à ceux du calendrier ou d'une horloge. Même les personnes les plus sceptiques tiennent compte de ces deux outils pour leurs activités. Ces cycles sont en rapport avec les cycles naturels créés par la rotation de la Terre et des autres corps célestes. Nos cycles personnels démarrent dès notre naissance, moment où on accorde son rythme à celui de l'univers. Grâce à des calculs fort simples, nous pouvons estimer à quels moments dans notre vie ils se répéteront. Nous pouvons même calculer les périodes similaires passées. Il suffit d'examiner les correspondances existant entre les vibrations numériques et nos énergies. Durant chaque cycle, certains secteurs sont avantagés, d'autres le sont moins.

Il y a trois cycles majeurs de longue durée qui couvrent la période de l'adolescence, de l'âge adulte et de l'âge mûr. Chacun d'eux indique comment vous devriez agir durant chaque phase. À l'intérieur de ces trois grands cycles de vie, l'individu possède des cycles annuels de neuf ans. Symboliquement, le nombre 9 est celui de l'accomplissement et de la plénitude. Le cycle de la vie humaine est d'ailleurs de neuf mois. Ces cycles de neuf ans peuvent être comparés aux saisons dans la nature. Il y a des périodes pour semer (vibrations 1 et 4) et pour récolter (vibrations 8 et 9) ainsi qu'une période dormante pour que la terre se régénère (vibrations 2 et 7). Nous ne penserions pas à planter des légumes à l'automne et à récolter au printemps. En plus de ces cycles annuels, nous avons aussi les cycles mensuels et journaliers ainsi que les cycles de l'âge.

Tous ces cycles se chevauchent et ils s'entrecroisent la plupart du temps ; voilà pourquoi il est normal d'avoir un mélange de positif et de négatif dans une période donnée. Lorsque plusieurs cycles convergent, l'énergie est plus forte et vous traversez alors des périodes importantes dans votre vie. Quand plusieurs cycles positifs se croisent, une grande occasion se présente à vous, et vous devez la saisir. En les connaissant à l'avance, vous pourrez en profiter et provoquer la chance. À l'inverse, quand plusieurs cycles négatifs se croisent, vous vivez des expériences turbulentes pour évoluer, et les connaître à l'avance vous permet d'en atténuer les effets. Il peut aussi y avoir une vibration discordante entre les cycles. Par exemple, une personne dans un cycle de vie 5 peut se sentir déchirée dans un cycle annuel 4 tout simplement parce que les limitations du 4 freinent la liberté du 5.

Votre rapport avec un courant particulier dépend donc d'une variété de facteurs, et ces cycles doivent toujours être interprétés en relation les uns avec les autres. De plus, tout le monde ne réagit pas de la même manière aux mêmes situations et cycles. Cela dépend de votre personnalité révélée par vos autres nombres (voir *La numérologie: Le code secret de votre nom*).

La connaissance de vos cycles vous rendra-t-elle millionnaire ? Non, mais elle guidera vos actions pour atteindre la richesse plus facilement. La numérologie ne cause pas vos cycles personnels, pas plus que le calendrier cause les rythmes saisonniers ou que l'horloge cause les rythmes circadiens. La numérologie, le calendrier et l'horloge sont simplement des instruments pour déchiffrer ce qui existe déjà dans la nature. Vous pouvez choisir de connaître les cycles et les saisons ou vous pouvez décider de vous battre contre leur progression naturelle.

Organisez votre vie selon *kronos* (horloge, calendrier, etc.), mais soyez alerte quant à *kairos* (synchronicité) pour être au bon endroit au bon moment !

Les chapitres de ce livre peuvent être lus séparément. Toutefois, pour connaître vos périodes de synchronicité, vous devez les lire les uns à la suite des autres et mettre en relation tous vos cycles personnels, surtout votre cycle annuel et votre cycle de l'âge.

Au chapitre 1, je vous explique vos trois cycles de vie majeurs. Vos cycles annuels et mensuels ainsi que vos prévisions sont au chapitre 2. À l'aide des tableaux du chapitre 3, vous pouvez calculer le meilleur moment (année, mois ou jour) pour une activité particulière. Le chapitre 4 se rapporte aux cycles de l'âge.

J'espère que vous saurez tirer profit au maximum des possibilités que chaque cycle vous offre.

CHAPITRE 1

Cycles de vie majeurs

En plus de votre nombre de vie, il existe d'autres vibrations qui vous influencent pendant une longue durée. En effet, vous êtes influencé par trois cycles majeurs qui changent lors de votre anniversaire. Étant donné que ces cycles (formatif, productif et de moisson) ont une plus grande étendue que les cycles annuels et que les cycles de l'âge, ils ont un effet moindre.

Pour connaître la signification de chacun de ces cycles, vous devez prendre en considération votre date de naissance. **Le premier cycle correspond au nombre du mois ; le deuxième, au nombre du jour ; le troisième, au total des nombres de l'année de naissance** (tableau 1.1). Vous devez toujours réduire les nombres à un chiffre de 1 à 9.

Le tableau 1.2 vous indique à quels âges s'effectueront approximativement ces changements de cycle dans votre existence, d'après votre nombre de vie. Le nombre de vie (à ce sujet, vous pouvez consulter *La Numérologie : Le message caché de votre date de naissance*[1]) se calcule en additionnant tous les chiffres de votre date de naissance et il vous influence toute votre vie.

Exemple (tableau 1.1)

Le nombre de vie réduit pour une personne née le 21 août 1960 serait 9. De sa naissance jusqu'à 27 ans, elle se trouvait dans le cycle 1. Quand elle a eu 28 ans, elle est entrée dans le cycle 2 et, à 55 ans, elle changera encore de vibration. Ces tournants sont en vigueur à partir du jour de son anniversaire, qui est le 21 août.

Cette personne était dans un cycle de vibration 8 (nombre de son mois de naissance, août) jusqu'à 27 ans. Son cycle 2, de 28 à 54 ans, est sous la vibration 3 (nombre de son jour de naissance, 2 + 1) et elle finira ses jours avec la vibration 7 (nombre de son année de naissance, 1 + 9 + 6 + 0).

---

1. Claire Savard, *La Numérologie : Le message caché de votre date de naissance*, Québec, Le Dauphin Blanc, 2014, 144 pages.

Tableau 1.1

Mois cycle 1		Jour cycle 2		Année cycle 3		Nombre de vie
08		21		1960		
0 + 8	+	2 + 1	+	1 + 9 + 6 + 0	=	27
8	+	3	+	16	=	27
8	+	3	+	7	=	18 = 1 + 8
0 à 27 ans		**28 à 54 ans**		**55 ans et plus**		**9**

Tableau 1.2

NOMBRE DE VIE	Cycle 1 (formatif)	Cycle 2 (productif)	Cycle 3 (moisson)
1	0 à 26 ans	27 à 53 ans	54 ans
2	0 à 25 ans	26 à 52 ans	53 ans
3	0 à 24 ans	25 à 51 ans	52 ans
4	0 à 23 ans	24 à 59 ans	60 ans
5	0 à 31 ans	32 à 58 ans	59 ans
6	0 à 30 ans	31 à 57 ans	58 ans
7	0 à 29 ans	30 à 56 ans	57 ans
8	0 à 28 ans	29 à 55 ans	56 ans
9	0 à 27 ans	28 à 54 ans	55 ans

Ces trois cycles majeurs (tableau 1.2) correspondent respectivement à la jeunesse (cycle formatif), à l'âge adulte (cycle productif) et à l'âge mûr (cycle de la moisson). Le cycle productif influence la carrière et le cycle de la moisson, la retraite.

Dans l'exemple du tableau 1.1, cette personne serait influencée par la vibration 8 dans sa jeunesse, par la vibration 3 à l'âge adulte et par la vibration 7 à l'âge mûr.

Les transitions entre ces cycles ne s'effectuent pas de façon brusque. Cependant, vous pouvez vivre un changement majeur dans votre vie lors du passage d'un cycle à l'autre.

Après avoir trouvé les âges où vous changez de cycle, d'après votre nombre de vie et la vibration de vos trois cycles majeurs, selon votre date de naissance, lisez leur signification.

SIGNIFICATION DES CYCLES DE VIE

Vibration 1

Vous devriez commencer un nouveau projet. Toutes les démarches indépendantes sont appuyées pendant cette phase et vous avez beaucoup d'énergie. Vous pouvez même prendre une nouvelle direction dans plusieurs domaines. L'autonomie est encouragée, car les désirs personnels sont forts. C'est une période très active, mais votre vie sentimentale n'est pas marquante sous cette vibration.

Vibration 2

Les associations sont primordiales ; c'est le temps de nouer des relations avec les autres. La coopération est importante et peut vous apporter des récompenses. Il est préférable de travailler en équipe ou d'accepter d'être en retrait. La vie professionnelle est plutôt fluctuante. Toutefois, vous pouvez rencontrer l'âme sœur et fonder un foyer.

Vibration 3

Il est conseillé d'avoir des activités sociales ou sportives ainsi que des loisirs. La période est propice à la créativité et à l'expression de vos talents. C'est le temps de vous faire remarquer et de profiter des occasions qui se présentent. La chance est au rendez-vous et vous passerez du bon temps. Les rencontres sont facilitées, mais pas nécessairement durables.

Vibration 4

Ce cycle est axé sur le travail et la productivité. Les aspects financiers sont restrictifs. Ce n'est pas le temps de baisser les bras. Cependant, la persévérance et le dur labeur sont récompensés. Il faut rechercher des projets durables, en amour comme en affaires, car c'est un cycle de consolidation.

Vibration 5

Vos horizons s'élargissent et vous faites de nouvelles expériences. La période est instable et mouvementée et votre sens de l'adaptation sera sollicité. Les tentations sont nombreuses et vous pouvez vivre des aventures amoureuses. Les fonctions en rapport avec le public sont recommandées. Vous pouvez faire des changements d'orientation ou exercer une double occupation.

Vibration 6

C'est une période d'ajustement où vous devez chercher l'équilibre entre le travail et la famille. Des occasions de servir vos proches se présenteront. Vous devez rechercher l'harmonie dans les contacts humains. Des unions peuvent avoir lieu, car les relations à long terme sont favorisées. Vous ne manquerez pas d'affection et de sécurité durant ce cycle.

Vibration 7

La vibration 7 encourage la réflexion et les occupations intellectuelles. La période est donc propice aux études. Vous pouvez vivre des moments de solitude, mais une ouverture spirituelle peut se produire. Réservez-vous du temps pour vous reposer. C'est le temps de prendre votre santé en main.

Vibration 8

Les affaires et les actions commerciales sont facilitées. Vous êtes en mesure d'acquérir l'argent et la puissance si vous faites les efforts en conséquence. Par-dessus tout, il faut être dynamique si vous voulez faire des profits et ne pas avoir de problèmes financiers. La loi du juste retour des choses s'applique durant cette période. Les coups de foudre sont fréquents.

Vibration 9

Les réalisations à caractère humanitaire sont privilégiées, mais il ne faut pas trop miser sur votre vie affective. Le succès dans la vie publique peut être obtenu et tout ce qui concerne l'étranger est avantagé. Profitez-en pour voyager et faire le ménage dans votre vie.

CHAPITRE 2

Cycles annuels et mensuels

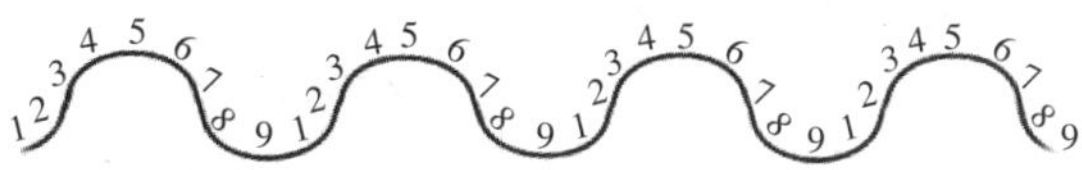

Comme vous le savez, la vie est une roue qui tourne et, selon le numérologue Kevin Quinn Avery, dont je me suis inspirée, nous sommes soumis à des cycles annuels de neuf ans. Il est préférable de fournir le maximum d'efforts au début du cycle et, durant les dernières années, nous récoltons ce que nous avons semé. Quand nous terminons l'année 9, nous recommençons avec l'année 1, et ainsi de suite durant toute notre existence.

Les événements vécus au fil des ans peuvent être différents, mais les mêmes influences reviennent. **Nous pouvons prédire le retour des circonstances plutôt que des événements.** Par exemple, dans une année 8 de nature matérielle, on peut acheter une maison et, dans une autre année 8, neuf ans plus tard, on pourrait faire un investissement différent. Étant donné que les cycles annuels durent neuf ans, vous pouvez avoir une idée de ce qui vous attend en reculant de neuf ans. En 2015, par exemple, vous expérimenterez le même flot d'énergie qu'en 2006, mais à un niveau plus élevé grâce à votre évolution au fil des années. Cela ne veut pas dire que 2015 sera une copie exacte de 2006, mais plutôt que la nature des événements sera similaire. Par exemple, j'étais dans l'année 1 quand je me suis mise à pratiquer sérieusement la numérologie. J'étais aussi dans l'année 1 au moment où j'ai écrit mon premier livre de numérologie. Ces deux années 1 ont en commun le début d'une action, mais dans un contexte différent.

Chaque année, de la première à la neuvième, a ses propres vibrations. Les connaître vous aide à profiter de certains moments propices et à éviter des écueils. Ce ne sont pas des prédictions, car la manière dont vous utiliserez ce savoir dépendra de vous. Cela vous indique les portes qui s'ouvrent à vous pour une période donnée. Chaque année et chaque mois, certains secteurs sont favorisés, d'autres le sont moins.

La vie affective est donc mise en évidence durant les cycles 2 et 6. Les changements de travail se font spécialement durant les cycles 1 et 5. Les transactions financières sont importantes lors d'un cycle 8. Les courts déplacements sont principalement recommandés pendant un cycle 3 et les longs, durant un cycle 9. Le cycle 4 est une période où vous avez beaucoup d'efforts à fournir, tandis que le cycle 7 est le temps de vous reposer.

Les vibrations d'une année commencent à faire effet en janvier et sont plus puissantes surtout trois mois avant votre fête. Les personnes nées vers la fin de l'année remarqueront probablement un certain décalage, car les influences d'une année peuvent alors se faire sentir plus tard. Il ne tient qu'à vous de vérifier si c'est votre cas à l'aide d'événements majeurs qui vous sont arrivés dans le passé. En effet, ma méthode vous permet de rechercher les influences des nombres autant pour les années précédentes que pour celles qui sont à venir. Quelques auteurs affirment qu'une vibration annuelle commence le mois de la naissance et non en janvier de chaque année, mais je ne suis pas d'accord avec cette hypothèse. **Les vibrations du mois, quant à elles, sont plus fortes du cinquième au vingt-cinquième jour de ce mois.**

Vous pouvez même comparer l'année dans laquelle vous êtes avec celle de votre partenaire pour voir si vous baignez dans la même ambiance. Par exemple, si vous êtes dans une année 2 et que votre conjoint est dans une année 6, vous pouvez être sûr que votre vie affective sera marquante. L'amour tient une place importante dans une année 2 et dans une année 6. Si vous traversez les mêmes années ensemble, les effets en seront amplifiés. Par exemple, un couple qui traverserait une année 7 en même temps ne devrait vraiment rien entreprendre sur le plan matériel durant cette période qui favorise plutôt les activités intellectuelles ou spirituelles. Les vibrations qui vous influencent tous les deux peuvent aussi être d'essence très différente et cela produit une relation asynchrone sur le plan énergétique. Ce serait le cas si vous êtes dans une année 4 axée sur le plan du travail et que votre conjoint est dans une année 3, orientée plutôt sur les loisirs.

Chaque nombre annuel émet à la fois des vibrations positives et négatives. Il y a des périodes apparemment plus agréables, mais tout est à relativiser. Pour une personne dynamique à la recherche de nouveauté, une année trop calme paraîtra ennuyeuse, par exemple. Votre perception dépend du pourcentage des lettres de votre nom (à ce sujet, vous pouvez consulter *La Numérologie : Le code secret de votre nom*[2]) qui vous indiquent si vous avez les outils qu'il faut pour traverser facilement une année en particulier. En effet, les années correspondant à un nombre dont le pourcentage des lettres de votre nom est équilibré seront plus harmonieuses que si le pourcentage est plus bas ou excède la norme.

Dans une période censée être plus négative, comme lors du cycle 9, une personne avec un pourcentage équilibré de lettres de valeur 9 ne ressentirait pas trop de tensions. L'inverse est aussi vrai. Si vous êtes dans une période réputée pour être positive, comme lors du cycle 3, et que vous avez peu de lettres de valeur 3, vous ne trouverez pas cette période si facile que cela. L'absence de certaines lettres apporte plus de problèmes, étant donné que vous ne possédez pas les traits de base nécessaires pour bien vous ajuster à l'ambiance du cycle. Vous aurez donc plus d'efforts à fournir durant la période en question. Il faut également mettre en relation tous les cycles pour savoir si vous avez le côté négatif ou positif d'une année. En effet, on ne se sépare pas chaque fois que l'on vit une année 9.

Si le nombre de l'année en cours est le même que l'un de vos nombres importants, votre nombre de vie (tableau 1.1), par exemple, vous aurez l'occasion de vivre des événements importants pour votre évolution spirituelle. À ce sujet, vous pouvez consulter *La Numérologie : Le message caché de votre date de naissance*.

Je vous propose des prévisions concernant les éclaircies et les perturbations auxquelles vous pouvez vous attendre

2. Claire Savard, *La Numérologie : Le code secret de votre nom*, Québec, Le Dauphin Blanc, 2014, 136 pages.

durant un cycle annuel ou mensuel en particulier. Vous saurez le temps qu'il fera, et c'est à vous de vous organiser ou non en conséquence au lieu de réagir automatiquement au champ énergétique ambiant. Pour des prévisions annuelles détaillées, il faudrait aussi prendre en considération toutes les lettres de votre nom ainsi que d'autres cycles qui ne sont pas étudiés dans ce livre. Veuillez noter que les vibrations de l'année sont les plus importantes, suivies de celles du mois et du jour.

Calculs du nombre annuel

Pour connaître les prévisions de vos cycles annuels et mensuels, vous devez trouver le nombre qui se rapporte à l'année désirée. Pour ce faire, additionnez votre jour et votre mois de naissance à l'année de votre choix. Vous réduisez ensuite la somme à un chiffre de 1 à 9. Vous pouvez procéder ainsi pour n'importe quelle année future ou passée. Vous lisez ensuite les prévisions annuelles et mensuelles qui correspondent au nombre que vous avez obtenu.

1er exemple

Pour une personne née le 18 juillet, le nombre annuel serait 8 en 2017.

Jour de naissance		Mois de naissance		Année choisie		Nombre annuel
18		07		2017		2042
1 + 8	+	0 + 7	+	2 + 0 + 1 + 7	=	26
9	+	7	+	10 (1 + 0)	=	26 = (2 + 6)
9	+	7	+	1	=	8

2e exemple

L'année 2015 serait un cycle annuel 5 pour une personne née le 23 octobre.

23 + 10 + 2015 = 2048, soit 2 + 0 + 4 + 8 = 14 = (1 + 4) = **5**

Si la même personne voulait connaître les influences qui prévalaient en 1996, elle n'aurait qu'à remplacer l'année 2015 par l'année 1996 (2 + 3 + 1 + 0 + 1 + 9 + 9 + 6 = 31 = 3 + 1 = 4) et elle obtiendrait **4**.

Pour avoir un aperçu de l'ambiance d'un mois ou d'une année concernant l'amour, le travail, l'argent, la santé et les voyages, j'ai mis des étoiles. Une étoile indique qu'il y a peu de satisfactions à attendre dans ce secteur. Deux étoiles indiquent que c'est modéré. Si vous avez trois étoiles, les nombres favorisent beaucoup cette sphère de votre vie pendant la période en question.

Même si un domaine est moins avantagé dans une année, il y aura toujours un mois en particulier qui, lui, sera favorable. Il suffit alors d'en profiter à ce moment-là.

Dans le texte des prévisions mensuelles, **chaque mois est suivi d'un chiffre entre parenthèses qui indique sa vibration**. Vous pouvez noter ce chiffre et chercher dans le tableau 3.3 à la page 127, les actions recommandées ce mois-là.

ANNÉE 1
Action

C'est l'année 1 du cycle de neuf ans. Elle permet donc de nouveaux départs. La période est propice aux innovations. Il faut vous prendre en main cette année, étant donné que vous préparez les huit prochaines années.

TRAVAIL***
ARGENT**

C'est le temps de foncer et non de vous reposer. Vous ne devez compter que sur vous-même. Les projets amorcés cette année porteront des fruits à long terme. Si vous n'avez pas fait le ménage l'an dernier, il est possible que des activités se terminent. Par conséquent, des actions commencées l'an passé vous tracasseront peut-être.

Si vous voulez vous lancer en affaires, voici l'année idéale, surtout si vous avez 23, 35, 47, 59 ou 71 ans. Vous pouvez aussi changer de domicile, d'occupation ou avoir une promotion, en particulier si vous avez 24, 36, 48, 60 ou 72 ans.

Les relations avec les hommes sont importantes. La phase est favorable pour signer des contrats. Vos rentrées d'argent cette année seront proportionnelles aux efforts fournis dans le travail. Ceux d'entre vous qui ont 29, 41, 53, 65 ou 77 ans seront plus chanceux.

AMOUR*
SOCIAL

La vie amoureuse ne sera pas au premier plan. Vous pourrez même éprouver des moments de solitude si vous êtes trop égocentrique. L'été sera assez difficile à cet égard et ce sera pire si vous avez 21, 33, 45, 57 ou 69 ans. Vous devez être autonome, mais évitez de dominer votre conjoint. Les couples de longue date pourraient repartir sur une nouvelle base.

Une nouvelle rencontre ou des aventures amoureuses sont possibles, notamment pour les personnes ayant 20, 32, 44, 56, 68 ou 80 ans. Cela pourrait se produire lors de vos activités professionnelles ou extérieures.

Les célibataires se trouveront peut-être un partenaire, mais pas nécessairement pour longtemps. Les relations affectives qui ont commencé à l'automne ont plus de chances d'être durables.

SANTÉ***
VOYAGES*

En général, le niveau d'énergie est élevé. Vous pourrez sentir de la fatigue et de la nervosité, surtout si vous avez 25, 37, 49, 61 ou 73 ans. La tête et les organes sensoriels (yeux, nez, oreilles, etc.) sont à surveiller cette année.

Vous manquerez probablement de temps pour partir au loin, mais vous pouvez planifier un grand voyage pour juin et août.

CONSEILS

Évitez à tout prix paresse et inaction. Fixez-vous des objectifs à long terme et recherchez l'autonomie. Confiance en soi et créativité sont nécessaires.

Mois plus chanceux : février, avril et novembre

Mois plus difficiles : juin, octobre et décembre

JANVIER (mois 2) amour** travail* santé**

L'année ne démarre pas assez vite à votre goût et cela vous cause une tension intérieure. Les 8, 17 et 26 seront plus mouvementés. Vos affaires auront des hauts et des bas en janvier.

Même si les choses ne vont pas aussi rapidement que vous le souhaiteriez, vous avancez. Toutefois, vous auriez intérêt à miser sur le travail d'équipe.

Vous aurez quelques sautes d'humeur et votre conjoint en subira les conséquences. Vous n'arrivez plus à voir clair en vous et vous exigez beaucoup de l'autre. Les célibataires seront plus chanceux dans leurs amours, car une personne pourrait entrer dans leur vie.

FÉVRIER (mois 3) amour*** travail*** santé***

En février, vous avez le vent dans les voiles et votre santé est excellente. Vos projets prennent forme particulièrement les 1er, 10, 19 et 28. Des concours de circonstances faciliteront votre réussite. Vous aurez des éclairs de génie, sauf que vous serez porté à vous éparpiller.

De plus, vos contacts seront fructueux puisque vous avez de l'ascendant sur votre entourage.

Même votre vie affective est agréable en ce mois de la Saint-Valentin et vous pouvez penser à concevoir un enfant.

Non seulement l'époque est propice aux vacances, mais les activités sociales et les courts déplacements sont également recommandés.

MARS (mois 4) amour* travail** santé**

Voici le mois le plus fatigant de l'année, étant donné que les influences ne sont pas profitables et que vos journées sont bien remplies.

Malgré tous vos efforts, vous pourriez vous buter à des obstacles d'ordre matériel et avoir de la difficulté à trouver des solutions. Gérez votre emploi du temps correctement et continuez l'ouvrage déjà commencé.

Vous pouvez dire adieu à l'harmonie du mois dernier dans votre vie relationnelle. Les rapports humains seront difficiles en mars.

Changez-vous les idées les 1er, 10, 19 et 28 et reposez-vous les 3, 12, 21 et 30. Vous en aurez besoin. Votre corps a ses limites et vous devez l'accepter. Vous avez trop tendance à abuser de vos forces.

AVRIL (mois 5) amour** travail*** santé***

Après la pluie, le beau temps. Vous êtes effectivement plus libre et vous avez plus d'entrain qu'au cours du moins précédent, mais l'action ne manquera pas et le rythme ne sera pas toujours facile à suivre. Des changements imprévus accroîtront votre nervosité et la concentration ne sera pas facile en avril. Consolez-vous, les 2, 11, 20 et 29 seront plus calmes.

Vous devriez investir dans la publicité sous cette vibration. Soyez prudent, des problèmes légaux sont possibles !

En amour, des idylles passagères pourront se former. Un besoin d'indépendance s'avérera un léger handicap pour les couples.

Un voyage s'annoncera peut-être et vous en retireriez beaucoup de plaisir.

MAI (mois 6) amour*** travail** santé**

C'est le mois idéal pour la fête des Mères, car la famille sera au premier plan et il régnera une ambiance de paix. Il pourrait y avoir du changement à la maison les 8, 17 et 26.

Bien qu'elle ne soit pas aussi palpitante qu'en avril, votre vie sentimentale vous rendra heureux. Cela aura des répercussions positives sur votre condition physique.

Une seule ombre au tableau : vous devrez probablement assumer de nouvelles responsabilités au travail. Vous les trouverez pénibles à accepter. Ces entraves freineront quelque peu vos élans. Cependant, un retournement de situation en votre faveur est à envisager.

JUIN (mois 7) amour* travail* santé*

Juin sera le mois le plus tranquille de l'année sur le plan des activités, sauf les 3, 12, 21 et 30. Si vous laissez les choses aller d'elles-mêmes, tout sera plus aisé. Les études et la recherche sont bien influencées ce mois-ci et vous pouvez avoir de la veine au jeu.

Malheureusement, vous connaîtrez une certaine lassitude et l'être aimé vous trouvera plus distant que d'habitude.

Profitez-en pour vous accorder des moments de répit ou pour prendre des vacances. Il est possible que vous partiez seul, la vie à deux n'étant pas tellement favorisée. Ces courants négatifs dureront peut-être plusieurs mois si vous ne faites rien pour corriger cette situation.

Dans un autre ordre d'idées, vous pourriez vivre de nouvelles expériences spirituelles ou faire un voyage qui sort de l'ordinaire.

JUILLET **(mois 8)** **amour* travail** santé*****

Les orientations sont différentes de celles de juin. Des occasions de mener des transactions se présenteront, mais vous pourriez faire face à de l'adversité. Dans ces conditions, quelques pertes ne sont pas exclues. Si vous êtes trop matérialiste et ambitieux, cela nuira à vos relations humaines.

Avec votre énergie débordante, vous répondrez sans peine aux exigences de votre emploi, mais il faudrait apprendre à canaliser convenablement cette énergie.

La vie amoureuse vous apportera peu de compensations à cause de l'ambiance de lutte qui prévaut. N'agissez pas sur des coups de tête et n'affichez pas trop votre supériorité.

AOÛT **(mois 9)** **amour* travail* santé****

Août sera plein de contradictions. D'un côté, des entreprises seront contrecarrées. D'un autre côté, la période est propice pour achever une tâche en cours et pour élargir vos horizons. D'une manière ou d'une autre, vous feriez mieux de ne rien laisser en suspens. La poursuite d'objectifs communautaires serait vivement recommandée ce mois-ci.

Le climat affectif continue à se détériorer. Des incidents vous perturberont et vous rendront émotif. En effet, certains individus vous feront souffrir, surtout les 9, 18 et 27.

C'est vraiment le temps de vous évader, si l'on considère en plus que les voyages sont favorisés durant tout le mois. En outre, votre état de santé est stable.

SEPTEMBRE (mois 1) amour* travail** santé***

L'action reprend en septembre et c'est le mois le plus important de l'année. Néanmoins, les résultats ne seront pas aussi rapides que vous le désireriez, notamment les 1er, 10, 19 et 28. Ne signez aucun papier important au cours de ce mois. Vous devez privilégier l'initiative personnelle et ne pas commettre l'erreur de courir deux lièvres à la fois.

Vous pouvez ressentir une grande agitation intérieure, et il ne faudrait pas tourner en rond. Par ailleurs, vous voudrez changer de mode de vie et votre vitalité est à la hausse.

À l'opposé, des affrontements sont probables avec vos proches. Si vous voulez les éviter, ne vous affirmez pas trop.

OCTOBRE (mois 2) amour* travail* santé**

On ne peut pas dire qu'octobre soit votre meilleur mois. D'une part, il y a de fortes possibilités que vos projets subissent des retards, les effets de l'an prochain commençant à se faire sentir. D'autre part, les circonstances n'iront pas comme vous le souhaitez.

Il ne faut rien précipiter, même si vous avez envie de bousculer les événements. Les 8, 17 et 26, vous pouvez être plus fonceur. Un autre conseil : soyez coopératif, sinon vous aurez des conflits au travail.

Votre sensibilité est à fleur de peau et vous vous énerverez. Vous aurez intérêt à être plein de délicatesse si vous voulez que votre vie intime se déroule bien. Ne vous en faites pas, l'harmonie revient finalement en novembre. Si vous êtes seul, un nouvel amour pourrait débuter.

NOVEMBRE **(mois 3) amour*** travail** santé*****

L'envie de vous distraire vous prendra à plusieurs reprises au cours des semaines à venir. C'est très bien ainsi, car les activités se mettront à ralentir petit à petit. Vous pourrez vous permettre un peu de détente en novembre, particulièrement les 4, 13 et 22. Planifiez de petites randonnées pour le plaisir.

Si vous savez être à l'écoute des gens que vous rencontrez ce mois-ci, vous découvrirez des occasions d'élargir votre champ d'action.

Les blessures du mois précédent se referment et vous entrez enfin dans une phase de grande complicité. Vous ferez des plans à long terme avec votre amoureux. La période est aussi propice à la maternité. Les célibataires auront une vie sociale animée.

Vous serez dans un état d'euphorie et votre charisme fera des merveilles.

DÉCEMBRE (mois 4) **amour* travail* santé****

Le vent a tourné et vous n'aurez probablement pas le goût de fêter en décembre, principalement les 9, 18 et 27. Vous serez très pris par votre occupation et n'espérerez pas beaucoup d'amélioration. L'essentiel est de bien vous organiser.

Par chance, vous êtes assez en forme, mais essayez de ne pas vous retrouver à plat durant cette époque agitée des Fêtes. De plus, soyez économe et pratique dans vos achats de Noël.

Vous pourriez vous disputer avec votre entourage en cette fin d'année, mais cela sera passager. Soyez plus souple et gardez votre sourire. Janvier sera plus amusant !

ANNÉE 2
Patience

L'important, cette année, est de laisser aller les événements, de ne pas insister et d'être patient.

TRAVAIL*
ARGENT*

Vous trouverez cette année plus lente. Les efforts de l'an dernier ne se feront pas encore beaucoup sentir, mais vous devez continuer les tâches qui ont été commencées. D'autre part, des occasions opportunes se présenteront seulement si vous ne courez pas après elles.

Toute précipitation devrait être évitée pour ce qui est des questions financières cette année et particulièrement si vous avez 23, 35, 47, 59 ou 71 ans. Vous recevrez de l'aide et des cadeaux sous cette vibration, surtout si vous avez 14, 26, 38, 50, 62 ou 74 ans.

Ce cycle est propice aux associations professionnelles, notamment si vous avez 27, 39, 51, 63 ou 75 ans. Recherchez la compagnie des autres, car le travail d'équipe est favorisé. Il est important de bien coopérer et d'être réceptif.

Les relations avec les femmes sont importantes. Des troubles causés par la gent féminine sont à redouter si vous êtes âgé de 25, 37, 49, 61 ou 73 ans. À l'opposé, ceux qui ont

17, 29, 41, 53 ou 65 ans pourraient obtenir de l'argent ou des faveurs grâce à une femme.

AMOUR***
SOCIAL

La vie sentimentale sera en évidence et vous ne voudrez pas être seul. Les conjoints qui collaborent et qui partagent plusieurs occupations ensemble seront heureux durant cette étape. Plusieurs couples auront de ce fait une bonne entente, en particulier les personnes ayant 22, 34, 46, 58, 70 ou 82 ans.

Par contre, d'autres se sépareront ou vivront des remises en question. L'année est toutefois favorable aux réconciliations. Des célibataires trouveront l'âme sœur, spécialement ceux qui ont 24, 36, 48, 60 ou 72 ans. L'année est propice pour concevoir ou avoir des enfants, surtout si vous avez 20 ou 32 ans.

SANTÉ**
VOYAGES*

Des tracas émotifs surgiront peut-être pendant cette phase, particulièrement en juillet. Votre système nerveux et votre système urinaire seront à surveiller. Certains seront affligés de troubles de l'estomac ou de la glande thyroïde. Votre énergie aura des hauts et des bas durant l'année, mais elle sera élevée durant tout l'été.

Les voyages sont peu favorisés en général, sauf en mai et juillet. Toutefois, ceux qui sont âgés de 16, 28, 40, 52, 64 ou 76 ans pourraient en projeter un sans problème n'importe quand durant l'année.

CONSEILS

Vous devez rechercher les associations. La coopération et la patience seront nécessaires.

Mois plus chanceux : janvier et octobre

Mois plus difficiles : mai et septembre

JANVIER (mois 3) amour*** travail** santé***

L'année commence sous d'heureux auspices et vous serez populaire. Vous aurez de la chance dans vos communications avec les autres, surtout si vous coopérez bien. En outre, vous pourrez compter sur vos amis durant cette période et vous vous déplacerez souvent pour rencontrer des gens.

Tous les prétextes seront bons pour sortir de chez vous et les influences seront positives pour des escapades amoureuses.

Vous serez de plus enclin à faire de folles dépenses. (J'espère que vous tirerez parti des soldes de janvier !)

Votre créativité sera forte, particulièrement les 9, 18 et 27, et cela vous aidera à trouver des solutions à des problèmes. Ne participez pas à trop de projets à la fois, même si votre résistance est grande.

FÉVRIER (mois 4) amour* travail** santé*

Malgré les frustrations et les contingences matérielles de février, vous devrez persévérer dans vos entreprises. Imposez-vous de la discipline et mettez de l'ordre dans vos paperasses.

Le vent a tourné. Vous n'aurez probablement pas le cœur à fêter la Saint-Valentin, étant donné qu'une séparation est possible avec une personne que vous aimez. Sous cette vibration, il serait plutôt souhaitable de resserrer les liens déjà existants. Évitez donc les affrontements et occupez-vous de vos amis, notamment les 8, 17 et 26.

Vous ne serez pas en paix et cela se répercutera sur votre condition physique. Il est quand même normal d'avoir moins de vitalité à la fin de l'hiver.

MARS (mois 5) amour** travail** santé***

Votre vigueur revient avec le printemps. Bien qu'un climat de bonne entente se réinstalle graduellement, je vous suggère de mettre un peu plus de piquant dans votre vie intime. De toute façon, vous aurez des décisions à prendre dans votre vie affective qui sera mouvementée.

Des contacts nouveaux viendront à vous facilement, en particulier les 7, 16 et 25. Au surplus, vous pouvez envisager des promenades agréables.

Aucun risque de sombrer dans la monotonie au cours de mars. Vos activités aussi seront variées et rien ne se passera comme prévu dans votre emploi. Vous devrez peut-être réviser vos positions et utiliser vos talents de négociateur, spécialement les 6, 15 et 24. Il faudra bien sûr vous adapter aux circonstances et calmer votre nervosité.

AVRIL (mois 6) amour*** travail** santé**

En avril, votre vie personnelle sera plus remarquable que votre vie professionnelle et votre charme sera puissant. Des accords pourront être signés au travail, principalement les 2, 11, 20 et 29.

Vous aurez droit à toutes les faveurs du destin sur le plan sentimental. Les conditions harmonieuses qui se sont établies au cours des dernières semaines persisteront.

Que vous soyez marié ou célibataire, il y a de la romance dans l'air. Préparez-vous à des soirées en tête-à-tête. C'est une bonne époque pour vous stabiliser en amour ou pour modifier le décor de votre foyer.

À l'opposé, vos proches exigeront souvent votre attention, et votre sensibilité sera à fleur de peau.

MAI (mois 7) **amour* travail* santé***

Les conditions se détériorent et ce mois ne sera pas spectaculaire. Il ne sera riche en satisfactions que sur le plan intellectuel, car vous serez vif d'esprit. En somme, mai est propice à l'accumulation de connaissances ou au perfectionnement dans votre profession.

Ce cycle favorise surtout les amours platoniques, car votre vie intérieure sera importante. Vous aurez l'impression d'être incompris par votre conjoint. Certains voudront même prendre leurs distances par rapport à l'être aimé, surtout les 9, 18 et 27. Par la suite, vous aurez souvent l'esprit ailleurs et vous ne saurez plus ce que vous voulez.

Marchez dans la nature pour vous ressourcer ou isolez-vous, car la fatigue vous gagne. Vous retenez trop d'émotions à l'intérieur de vous et cela dérègle votre système. Vous pouvez aussi penser à partir en voyage.

JUIN (mois 8) **amour** travail** santé*****

La chaleur de juin vous stimule, mais refrénez un peu votre désir de foncer. Attendez que les occasions s'offrent à vous. Les 2, 11, 20 et 29, vous pourrez mettre la « pédale au fond ». Votre rendement sera nettement supérieur à celui du mois passé.

Ce mois-ci, vous aurez à traiter des questions d'argent et votre horaire sera chargé. Par conséquent, votre prestige et vos profits augmenteront probablement.

L'atmosphère sera légèrement tendue dans vos rapports avec l'entourage, mais ce ne sera pas grave si vous collaborez bien. Méfiez-vous, votre seuil de tolérance est bas !

En revanche, vous ferez preuve d'une passion peu commune qui exaltera la personne que vous aimez.

JUILLET (mois 9) **amour* travail* santé****

En juillet, vous vivrez des sentiments ambivalents dans votre vie privée. Vous manquerez de sécurité et serez facilement perturbé, surtout les 2, 11, 20 et 29. Vos élans passionnels du mois précédent sont terminés.

Qui plus est, des bouleversements dans le domaine affectif sont à prévoir : des pertes ou des chagrins surviendront peut-être.

Vous pourrez achever une tâche qui a nécessité de la collaboration. Tout ce qui a trait à l'étranger est protégé : contacts, déplacements, etc. C'est le meilleur mois cet été pour prendre vos vacances.

AOÛT (mois 1) **amour** travail*** santé*****

Enfin un mois où l'initiative est conseillée et où vous savez ce que vous voulez. Vous pouvez ainsi entreprendre une nouvelle activité en août, à l'exception des 8, 17 et 26. Toutefois, il ne faut pas mettre de côté vos compagnons de travail ou associés.

Tout compte fait, votre soif d'autonomie nuira peut-être à votre vie de couple. Essayez d'être plus tolérant et moins susceptible, car vous aurez tendance à vous emporter. Une nouvelle relation amoureuse pourrait malgré tout commencer durant ce mois.

Votre énergie est à son apogée, et c'est parfait !

SEPTEMBRE (mois 2) **amour* travail* santé***

Voici un mois dont vous vous souviendrez cette année. Votre patience sera mise à rude épreuve. Des problèmes matériels pourraient survenir à cause de retards. Dans l'ensemble, le climat sera incertain. Le travail en équipe vous conviendrait à merveille.

Votre santé sera fragile en septembre; vous êtes trop angoissé. Vous vous tracassez trop, et ce sera pire les 7, 16 et 25.

Dans votre vie intime, l'ambiance sera plus calme que le mois dernier entre vous et l'être aimé. Cependant, vous aurez des choix à faire et serez porté à tergiverser. Contrôlez votre nervosité et recherchez la quiétude.

OCTOBRE (mois 3) **amour*** travail** santé*****

En octobre, vous retrouvez votre vigueur et le mois s'annonce sur une note excellente. Une situation difficile pourrait s'éclaircir. Par surcroît, la période est favorable aux pourparlers, notamment les 9, 18 et 27.

Vous ne manquerez pas d'idées, mais seulement d'un peu d'audace pour les réaliser. Des contacts établis par le passé vous seraient très utiles pour mener à terme vos desseins personnels.

Du côté des sentiments, l'harmonie est revenue. Par contre, un intime pourrait vous attirer des embêtements. Sortez et distrayez-vous, mais ne vous mettez pas à dépenser sans compter.

Vous pouvez planifier une petite excursion de fin de semaine à deux ce mois-ci. Les déplacements ne manqueront pas d'intérêt.

NOVEMBRE (mois 4) **amour* travail** santé***

Vous ne verrez pas le mois de novembre passer. L'ouvrage ne manquera pas, sauf les 3, 12, 21 et 30, qui seront plus tranquilles. Cela vous demandera de l'organisation, mais vous en retirerez la satisfaction du devoir accompli. Des préoccupations financières sont possibles.

Attention au surmenage et au stress ! Vous perdez rapidement l'enthousiasme qui vous animait, mais tout se replacera en décembre.

Rien de nouveau ne s'annonce en amour pour les célibataires. Pour les autres, il est préférable de consolider les liens existants, sinon il y aura des ruptures l'an prochain.

DÉCEMBRE (mois 5) amour** travail** santé***

Vous terminez l'année du bon pied. Faites quelque chose de différent pour les Fêtes, c'est le temps d'innover. Si vous avez la possibilité de voyager, n'hésitez pas. Vous aurez plusieurs sorties et vous serez porté aux abus, en particulier les 9, 18 et 27.

L'atmosphère sera à la fête en décembre et vous n'aurez pas la tête à travailler. Vous devrez quand même vous ajuster à des changements au travail.

Vous connaîtrez du succès sur le plan affectif. Votre partenaire ne risque pas de s'ennuyer en votre compagnie. Vous ressentez les effets positifs de l'année qui vient et, plus que jamais, vous avez l'intention de vous amuser et d'être entouré.

ANNÉE 3
Extériorisation

Le secteur le plus visé est celui des relations sociales. L'année 3 est une année agréable en général et encore plus pour ceux qui ont 14, 26, 38, 50, 62 ou 74 ans.

TRAVAIL**
ARGENT**

Des résultats commencent enfin à se manifester dans vos projets si vous avez bien travaillé dans l'année 1, c'est-à-dire il y a deux ans. Vous pourrez élargir votre champ d'action et obtenir des faveurs.

En général, le succès est meilleur pour les occupations créatrices, intellectuelles et commerciales. Mettez en application vos nouvelles idées. Les personnes qui ont des rapports avec le public et les artistes auront de bonnes occasions de briller.

Cette période vous offrira également un moment de répit bienvenu. Développez vos talents durant vos loisirs et ne vous relâchez pas trop durant cette phase plus douce. Vous avez le goût d'essayer des expériences nouvelles, mais vous devez éviter l'éparpillement et le changement. N'exagérez pas dans les dépenses non plus, même si l'argent vient plus facilement que l'an passé.

AMOUR**
SOCIAL

Les activités sociales seront nombreuses et plaisantes. Profitez-en pour nouer des contacts, surtout si vous avez 22, 34, 46, 58, 70 ou 82 ans. Vous pouvez trouver l'être cher en faisant du sport, lors de vos vacances ou dans un loisir artistique. Fréquentez donc les centres sportifs ou culturels et les soirées de célibataires, si vous êtes seul.

Les rencontres seront facilitées, mais elles ne seront pas nécessairement durables. L'année est plus propice aux amitiés et aux aventures, en particulier en février et en novembre. Dans l'ensemble, cette période est donc favorable aux amours, à l'exception des mois de mai, de juin et d'octobre. Le moment est également bien choisi pour une naissance, et ceux qui ont 20 ou 32 ans sont très fertiles sous cette vibration.

Si vous avez vécu une union difficile durant les trois dernières années, elle risque de se terminer. En effet, il pourrait y avoir des problèmes affectifs ou des désillusions cette année, notamment pour les personnes ayant 25, 37, 49, 61 ou 73 ans. Des litiges sont probables avec la belle-famille si vous êtes âgé de 28, 40, 52, 64 ou 76 ans.

SANTÉ***
VOYAGES**

La santé est bonne en général, sauf si vous faites des abus. Le foie sera fragile et certains auront des problèmes de gorge. C'est le temps de faire du sport et d'avoir des loisirs. Votre moral est au beau fixe.

Les déplacements sont recommandés durant toute l'année.

CONSEILS

Vous devez communiquer et exprimer vos talents. Ne ratez pas les occasions de vous amuser, mais évitez la superficialité.

Mois plus chanceux : février et juillet

Mois plus difficiles : avril et octobre

JANVIER (mois 4) amour** travail** santé*

Vous ne sentez pas encore les courants positifs de cette année, à l'exclusion des 8, 17 et 26 qui seront agréables. Il y a peu de place pour les loisirs en ce mois de janvier où vous devrez besogner fort et accorder de l'importance aux détails.

Vous serez en mesure de concrétiser vos idées, mais les décisions devront être prises avec circonspection. Vous aurez peut-être également à produire un travail pour des amis.

Il n'y a rien de neuf à signaler dans la vie sentimentale, mais contrôlez votre impatience. À ce sujet, vous feriez mieux de chercher à atteindre une relation stable.

La santé pourrait vous préoccuper un peu, mais vous récupérerez vite.

FÉVRIER (mois 5) amour*** travail** santé***

Février sera beaucoup plus facile que le mois précédent, d'autant plus que vous êtes dans une forme étonnante. Par ailleurs, les événements se plient à vos désirs et votre optimisme est au plus fort.

Les rencontres seront nombreuses et vous vous sentirez plus libre. De ce fait, vous serez porté aux excès de tous genres, surtout les 9, 18 et 27.

Étant donné que vous avez le goût de vous engager dans des voies inconnues et de sortir de la routine, vous aurez de la difficulté à vous structurer dans votre boulot. Des occasions se présenteront, mais la période demeure instable. Vous êtes quand même chanceux dans les jeux de hasard ainsi que dans vos allées et venues.

MARS (mois 6) **amour*** travail** santé****

Au travail, le climat est au beau fixe en mars. Votre imagination est féconde et cela vous sera utile. Vous pouvez en profiter pour redécorer votre intérieur.

Votre sensibilité est plus intense et vous voudrez échanger avec les autres. Il y a de l'amour dans l'air pour tout le monde, même si vous êtes moins ardent qu'en février. Vous pourriez passer des soirées divines en compagnie de l'être cher, particulièrement les 5, 14 et 23.

Partagez votre joie avec votre famille, car les enfants auront peut-être besoin de votre présence. Même des couples d'amis se tourneront vers vous pour être conseillés.

AVRIL (mois 7) **amour** travail* santé***

Voici une étape qui vous paraîtra plutôt ennuyeuse. Vous éprouverez l'envie d'être seul en avril ; vous serez plus intellectuel que passionné. Vous serez même plus rêveur que d'habitude, principalement les 9, 18 et 27. Reportez les questions financières au mois de mai et développez de préférence votre vie spirituelle.

Votre esprit d'analyse est au mieux et cela pourrait contribuer à l'avancement de votre carrière. C'est par-dessus tout le temps de faire une pause et de réfléchir à vos plans pour le reste de l'année. Il est sage de ne rien précipiter.

Occupez-vous de votre santé qui requerra votre attention ou faites un voyage de repos. Vous devriez entreprendre une cure de désintoxication en ce début de printemps.

MAI (mois 8) **amour* travail** santé*****

En mai, vous serez beaucoup plus dynamique que lors du mois dernier. Votre énergie remonte en flèche, mais méfiez-vous de votre impétuosité.

Vous aurez des défis à relever, mais vous pourrez compter sur des appuis. Pour augmenter votre prestige personnel, vous serez porté à rechercher la compagnie de gens influents. Des déplacements pour vos fonctions ou vos finances sont à prévoir, en particulier les 6, 15 et 24.

Sur le plan affectif, c'est un peu moins reluisant. Vous cherchez trop à imposer votre point de vue. L'obstination ne vous mènera nulle part. De plus, vous recevrez plusieurs invitations, mais vous aurez des services à rendre. Préparez-vous donc à des sorties d'argent et surveillez votre budget.

JUIN (mois 9) **amour* travail** santé****

Juin sera profitable si vous exercez une profession en rapport avec le public ou le milieu des arts. Non seulement vous pourrez conclure de bons arrangements au travail, mais vos collègues rechercheront vos opinions.

Votre vie privée vous tracassera, étant donné qu'une amitié ou un amour se terminera peut-être. En conséquence, cela interférera avec votre optimisme général. Vous serez plus malheureux les 9, 18 et 27.

Le mois est tout à fait indiqué pour partir en voyage ou à tout le moins pour prendre vos vacances.

JUILLET (mois 1) amour** travail*** santé***

La vie professionnelle s'améliorera probablement grâce à vos relations sociales en juillet. Les chances d'avancement sont bonnes, surtout les 7, 16 et 25. C'est le moment idéal pour faire passer vos idées et pour démarrer les projets qui vous tiennent à cœur. Il y a ainsi une possibilité de signatures de contrats.

La chaleur réchauffe les âmes et des liens amoureux nouveaux pourraient se créer. L'harmonie régnera dans votre vie affective.

Vous serez en grande forme et vous serez comme métamorphosé intérieurement.

AOÛT (mois 2) amour** travail* santé**

Ce mois vous semblera plus calme que juillet, mais il y aura malgré tout des hauts et des bas dans vos occupations. Vous serez optimiste et vos intuitions vous guideront. En outre, vous n'avez qu'à attendre ; on pourrait vous faire des propositions intéressantes.

Toutes les associations sont favorisées, en amour comme en affaires, si vous contrôlez votre grande émotivité. Vous aurez tendance à vous faire des montagnes avec des riens et vous avez moins de vigueur que le mois passé.

Vous apprécierez tout particulièrement les soirées à deux, notamment les 9, 18 et 27. La compagnie de vos amis vous sera aussi indispensable en août.

SEPTEMBRE (mois 3) amour** travail** santé**

En septembre, vous participerez à plusieurs entreprises à la fois et il ne faudrait pas trop gaspiller vos forces en tournant en rond. Faites attention à l'éparpillement, car votre mental sera agité, surtout les 8, 17 et 26.

Je vous suggère d'avoir un passe-temps artistique pour vous détendre l'esprit ou de vous promener. En effet, au lieu de conserver votre forme, vous êtes sur une pente descendante.

D'une manière ou d'une autre, votre charme agit sur votre entourage et cela vous apportera la réussite. La vie mondaine vous attirera et des personnes vous demanderont de l'aide. Vous aurez le don de vous faire remarquer partout où vous irez. À l'opposé, de petites disputes pourraient avoir lieu avec les gens près de vous.

OCTOBRE (mois 4) amour* travail** santé*

Rien n'apparaît simple en octobre. Vos communications avec les proches seront tendues et ce n'est pas le moment de solliciter des faveurs.

Vous aurez à fournir beaucoup d'efforts pour réaliser vos espérances et votre vitalité s'en ressentira. C'est le temps de consolider les actions amorcées dans les mois antérieurs. Cela vous facilitera le travail pour l'année qui vient.

Si possible, offrez-vous quelques jours de congé, spécialement les 3, 12, 21 et 30. Il est essentiel de bien doser vos périodes de labeur et de repos.

NOVEMBRE (mois 5) **amour*** travail** santé*****

Bien que novembre soit rempli d'expériences excitantes, vous n'en profiterez pas au maximum. Il vous reste du boulot à finir. Vous devez poser des fondations solides pour les prochains mois et les 8, 17 et 26 seraient appropriés pour cela. Vous aurez l'impression que les événements vont trop vite et vous en serez essoufflé.

De plus, les activités sociales seront fréquentes et vous n'aurez pas le goût de travailler. Des aventures sentimentales pourraient avoir lieu, car votre charme est amplifié. Vous trouverez que la vie est belle.

En revanche, votre état d'excitation entraînera peut-être des mésaventures dans vos déplacements qui seront multiples. Essayez de vous modérer un peu, même si votre résistance physique est élevée.

DÉCEMBRE (mois 6) **amour*** travail** santé****

Vous visiterez beaucoup de gens et les réunions sociales seront positives en décembre. Il serait bon de vous rapprocher de certains membres de votre famille et de recevoir les vôtres cette année. Il faut que vous pensiez aux autres, sinon les circonstances vous y contraindront.

En ce qui concerne votre vie intime, vous baignerez dans une atmosphère de douceur et de tendresse. Vous verrez encore la vie en rose.

Dans l'ensemble, la vie professionnelle se déroule bien et des ententes pourraient se signer. La seule ombre au tableau est que vous commencez peut-être à percevoir le surcroît de travail que vous aurez à fournir dans l'année qui vient.

ANNÉE 4
Stabilisation

L'ambiance de cette année sera bonne ou mauvaise, puisqu'elle est le résultat de ces trois dernières années.

TRAVAIL**
ARGENT*

Comme l'an dernier, certains auront une expansion dans leur carrière, particulièrement en juin. Ce sera sûrement le cas pour les personnes qui ont 24, 36, 48, 60 ou 72 ans. Par contre, plusieurs trouveront que leur travail est contraignant, mais ils doivent tenir le coup jusqu'à l'an prochain.

Évitez le changement : le succès sera obtenu grâce à la persévérance. Vous devez chercher à atteindre une situation stable, car c'est le temps d'établir des bases solides. Ne vous fiez pas à la chance et soyez discipliné. Ce n'est pas la bonne époque pour vous reposer ; vous aurez encore beaucoup d'efforts à fournir jusqu'en octobre.

En revanche, c'est l'année parfaite pour ceux qui œuvrent en administration. Le cycle est aussi favorable pour acheter, surtout en juin, ou pour vendre, surtout en mai. Toutefois, ne faites pas de spéculations. Vos dépenses doivent être planifiées. Des problèmes matériels sont à prévoir si vous êtes âgé de 23, 35, 47, 59 ou 71 ans.

AMOUR*
SOCIAL

Vous pouvez vivre des tensions dans votre vie sentimentale créant ainsi un risque de rupture, particulièrement au printemps. D'un autre côté, les liens affectifs vraiment sérieux se maintiendront. Soyez attentionné pour votre entourage. L'année est bien meilleure pour les amitiés. Pour les célibataires, le début de l'année sera tranquille, mais la fin est propice à une nouvelle rencontre. Votre milieu de travail est l'endroit tout indiqué pour trouver l'âme sœur.

SANTÉ*
VOYAGES*

Vos proches ou vous-même pouvez subir des problèmes de santé physique ou une intervention chirurgicale, notamment si vous êtes âgé de 19, 31, 43, 55, 67 ou 79 ans. Il y a aussi des risques de blessures pour les personnes ayant 17, 29, 41, 53, 65 ou 77 ans.

Pensez à faire de l'exercice physique pour activer votre circulation et assouplir vos articulations. Les os et les dents sont fragiles durant cette période. Il serait conseillé aussi de prendre de courtes vacances. Il vous faut avoir une bonne hygiène de vie, étant donné qu'une baisse de tonus est probable. Vous pouvez souffrir de divers maux causés par le stress et le surmenage. Ceux qui ont 25, 37, 49, 61 ou 73 ans ont intérêt à écouter leur corps.

Les voyages d'affaires sont recommandés en tout temps. Pour les autres sortes de voyages, faites-les plutôt en mars, en mai ou en décembre.

CONSEILS

Vous devez rechercher la sécurité et clarifier vos finances. Il sera nécessaire de travailler fort et de bien vous organiser.

Mois plus chanceux : août et octobre

Mois plus difficiles : mars et septembre

JANVIER (mois 5) **amour** travail** santé*****

Heureusement, l'année commence lentement. Vous n'avez pas le goût de vous discipliner en janvier, mais il ne faudrait pas négliger votre boulot pour autant, en particulier les 8, 17 et 26. Ne traitez pas non plus de sujets légaux ce mois-ci.

Vous avez encore envie de sortir et de rencontrer des gens, et l'entente continue à être bonne avec les intimes.

Des déplacements sont à prévoir ainsi que du changement dans vos activités en ce début d'année. Par conséquent, plusieurs imprévus pourront vous distraire de vos buts et cela vous déroutera un peu.

Sur le plan physique, tout est au beau fixe.

FÉVRIER (mois 6) **amour** travail** santé****

L'atmosphère sera lourde en février, notamment les 7, 16 et 25. Votre jugement sera moins sûr au travail et vous pourriez avoir des responsabilités supplémentaires telles que remplacer un autre employé.

Des obligations familiales vous seront aussi imposées. Occupez-vous de ceux qui vous entourent et mettez vos intérêts de côté ; vous n'avez pas le choix. D'ailleurs, vous ressentez un désir de sécurité et d'harmonie. La routine s'installe dans votre vie privée.

Les services que vous aurez à rendre seront peut-être de nature matérielle. De plus, vous devrez probablement exécuter des travaux dans votre demeure. Vous serez donc très occupé.

Par bonheur, sans être en superforme, vous vous portez drôlement bien.

MARS (mois 7) **amour* travail* santé***

Mars n'est pas meilleur que février, au contraire, mais les 7, 16 et 25 seront plus divertissants. Puisez des forces à l'intérieur de vous-même ; votre santé n'est pas florissante. Le temps est toutefois approprié pour subir une intervention chirurgicale ou pour planifier un voyage.

Il faudrait bien équilibrer le labeur et le repos. Analysez vos objectifs pour les mois à venir et ne forcez pas les événements. Une situation inattendue pourrait malgré tout se produire dans le secteur professionnel.

Le printemps s'annonce mauvais pour la vie amoureuse. La vie de couple sera aisée seulement si vous avez des affinités spirituelles. Vous avez de la difficulté à participer à des conversations trop réalistes.

AVRIL (mois 8) **amour* travail** santé*****

Enfin, votre vitalité est à la hausse et vous serez hyperactif en avril. Il ne sera pas toujours facile de suivre votre rythme. Vous aurez également à prendre des décisions relativement à votre emploi.

Le domaine des finances dominera ce mois-ci, car la période est aux transactions. Même si des affaires d'argent peuvent se concrétiser, ne prenez pas de risques, surtout les 1er, 10, 19 et 28.

Quant aux rapports avec vos supérieurs et avec vos proches, ils s'avéreront plutôt difficiles. Évitez toute attitude intransigeante envers votre entourage si vous voulez maintenir la paix.

MAI (mois 9) — amour* travail* santé**

Voici le mois idéal pour un grand voyage. En outre, il y a des réussites possibles dans des sphères reliées à l'étranger. Par contre, vous devrez vous adapter aux circonstances extérieures et faire preuve de patience.

Des contrats importants se concluront peut-être en mai, principalement les 8, 17 et 26. Cependant, il y a des risques de pertes d'argent et d'abus de confiance.

Le cycle n'est pas propice aux amours, puisque des ruptures peuvent se produire. Des transformations radicales pourraient ébranler votre style de vie.

Pourquoi ne penseriez-vous pas aux plus démunis que vous en cette phase émotive ?

JUIN (mois 1) — amour* travail*** santé***

Quelle amélioration dans le travail comparativement à mai ! C'est réellement le moment d'être actif et de vous lancer dans de nouveaux projets. Vous pouvez donc mettre sur pied une nouvelle entreprise en juin. La réussite est là, mais vous aurez des efforts à fournir, notamment les 3, 12, 21 et 30.

Non seulement les relations personnelles seront assez tendues, mais vous aurez des décisions à prendre à ce sujet ce mois-ci.

À l'opposé, vous n'aurez pas à vous plaindre de votre santé. Finalement, ne dépensez pas inutilement votre énergie qui vous sera bien utile pour traverser les mois à venir.

JUILLET **(mois 2)** **amour** travail* santé****

Vous évoluerez dans un climat ambigu en juillet. Votre vie privée vous apportera moins de tracas. En revanche, il pourrait y avoir encore des remises en question si vous n'êtes pas compréhensif.

Vous devrez être patient dans vos activités parce que des délais peuvent surgir. Néanmoins, ce mois est favorable pour le travail en équipe et les associations, surtout avec des femmes. De plus, vous serez en mesure de négocier de nouvelles conditions de travail. En ce qui concerne vos finances, il y a peu de surprises.

Votre moral aura des hauts et des bas ; vous serez morose. Consolez-vous, votre état de santé se remet lentement.

AOÛT **(mois 3)** **amour** travail** santé*****

Vous respirez mieux en août et vous éprouvez du soulagement. Des problèmes trouveront une solution grâce à des gens que vous connaissez. Vos capacités de créateur seront sollicitées à maintes reprises. Vos rêves deviennent réalité et les préoccupations financières seront mises de côté.

N'ayez pas peur d'exprimer vos opinions, surtout les 9, 18 et 27. En effet, la communication avec l'être aimé s'améliore encore ce mois-ci ; vous êtes plus sur la même longueur d'onde. Toutefois, quelques nuages obscurcissent encore le ciel. Vous aurez envie de prendre des bains de foule pour vous détendre l'esprit.

Prenez donc des vacances, d'autant plus que les déplacements sont favorisés ! Le mois est parfait pour vous défouler et votre condition physique est excellente.

SEPTEMBRE (mois 4) **amour* travail* santé***

Ce mois sera ardu et vous aurez l'impression que l'on vous met constamment des bâtons dans les roues. Les 1er, 10, 19 et 28 seront plus agréables. Essayez de retirer un peu de plaisir en vous adonnant à une occupation que vous aimez. C'est le temps de revoir votre budget et de vous organiser pour bâtir votre avenir.

Il y a une rechute dans votre vie affective. Soyez plus tendre avec votre conjoint si vous désirez que tout se passe bien.

Finalement, vous vous sentirez surmené. Pensez à prendre des vitamines et n'allez pas au-delà de vos capacités. Ne vous découragez pas, la fin du mois sera plus belle !

OCTOBRE (mois 5) amour** travail** santé***

Vous avez davantage de liberté en octobre. Votre vigueur est revenue. Vous commencez à percevoir l'excitation de l'an prochain et votre existence pourrait changer. Vous développerez ainsi de nouveaux centres d'intérêt et vos activités prendront de l'expansion. Ne relâchez pas vos efforts les 8, 17 et 26, même si vous n'avez pas le cœur à l'ouvrage.

Vous êtes plus sociable et vos contacts se font plus constructifs. Au demeurant, même votre vie à deux sera plus exaltante.

Vous devriez projeter une excursion ; un changement d'air ne vous ferait pas de tort.

NOVEMBRE (mois 6) amour** travail** santé**

Tout comme en février passé, soyez disponible pour votre famille qui vous accaparera en novembre. En général, les rapports avec autrui seront compliqués. Vous vivrez quand même une relation intime agréable, même si la passion n'est pas toujours au rendez-vous.

D'une part, il serait préférable de raffermir les liens familiaux. D'autre part, vous pourriez utiliser vos ressources pour soulager les plus pauvres que vous à l'approche des Fêtes.

Vous trouverez que les tâches sont lourdes à assumer dans votre emploi. Vous n'aurez pas beaucoup l'occasion de vous amuser ce mois-ci, ayant trop d'obligations, particulièrement les 9, 18 et 27. Votre vitalité en sera légèrement affaiblie. Par chance, l'année achève !

DÉCEMBRE (mois 7) **amour* travail* santé***

Il ne faudrait pas vous attendre à une fin d'année agitée. Vous terminez plutôt cette étape assez fatigué. Songez de préférence à relaxer pendant les Fêtes pour refaire le plein, car vous le méritez.

Les réjouissances ne seront pas nombreuses et vous n'êtes pas en état de faire des excès en décembre. Un voyage de repos serait bienvenu.

Vous pouvez vous joindre à un petit groupe d'amis. Être seul ne vous ferait pas de mal non plus, puisque vous préférerez fuir l'agitation et le bruit.

Une surprise de dernière minute pourrait arriver sur le plan professionnel. Cependant, ne prenez pas trop d'engagements. Je vous conseille de réviser vos positions et de faire le point sur l'année que vous venez de traverser.

ANNÉE 5
Mouvement

L'année 5 est charnière, car elle se situe au milieu du cycle. La nouveauté est omniprésente durant cette période.

TRAVAIL**
ARGENT**

Comme vous êtes dans une phase de transition, vous ressentirez beaucoup plus de liberté cette année. Si vous n'êtes pas satisfait d'une situation, c'est le moment d'y remédier. Sinon, ne faites pas de changements inutiles. Par ailleurs, même si vous ne le désirez pas, attendez-vous à des bouleversements et à des imprévus au travail, particulièrement dans la seconde partie de l'année. Certains ne sauront plus sur quel pied danser, surtout ceux qui ont 19, 27, 31, 39, 43, 51, 55 ou 63 ans.

Profitez de cette vibration pour investir dans la publicité et vous faire connaître. Le temps est plus propice à l'expansion qu'à l'instauration de nouveaux projets qui pourraient s'avérer de courte durée. Vous pouvez constater une amélioration de vos finances à ce stade-ci, si vous contrôlez votre impulsivité et votre goût du risque. Des gains inattendus sont probables si vous avez 17, 29, 41, 53, 65 ou 77 ans.

AMOUR**
SOCIAL

La vie sentimentale et la vie sociale seront mouvementées. Les personnes ayant 20, 32, 44, 56 ou 68 ans seront les plus gâtées. Votre magnétisme est au plus fort et des aventures amoureuses se présenteront. Vous êtes aussi dans une phase de fécondité.

Les rencontres seront fréquentes pour les célibataires, mais plus durables à la fin de l'année. Déplacez-vous et utilisez les transports publics. Les gares et les aéroports sont aussi des lieux privilégiés. Faites des sorties sociales : allez voir des spectacles et mangez au restaurant. L'aventure est à votre portée.

Les gens déjà en couple voudront du renouveau dans leur vie quotidienne et auront des tentations. Pour ces raisons, des unions précaires se briseront cette année. Des ruptures sont possibles surtout si vous avez 21, 33, 45, 57 ou 69 ans.

SANTÉ***
VOYAGES**

Votre santé est florissante. Cependant, vous pouvez être porté à faire des excès dans les plaisirs de la vie et vos sens seront en éveil. Attention, vos organes sexuels seront vulnérables cette année. Votre système respiratoire pourrait aussi être fragile sous cette vibration. Les énervements à venir risqueront également de vous attirer de petits accidents.

Si vous n'avez pas pris beaucoup de vacances ces dernières années, c'est le temps idéal pour cela. En outre, tous les déplacements sont protégés. La période est vraiment excellente pour découvrir de nouveaux endroits et pour vous changer les idées.

CONSEILS

Vous devez contrôler votre impulsivité et montrer de la prudence. Il sera nécessaire de vous adapter aux changements, mais évitez de trop papillonner.

Mois plus chanceux : mai et juillet

Mois plus difficiles : avril et août

JANVIER (mois 6) amour** travail** santé**

L'année commence sans grand éclat. L'accent doit être mis sur votre vie à deux ou sur les activités familiales en janvier. De légers désaccords surviendront peut-être dans les couples, mais l'entente est nettement meilleure que le mois précédent. Vous êtes plus à l'écoute de l'être cher.

Même si vous devrez faire preuve de souplesse dans vos relations personnelles, l'ambiance est plus chaleureuse qu'en décembre. À ce sujet, quelques soirées passées en famille ne vous feraient pas de tort, surtout les 9, 18 et 27.

Il pourrait y avoir un surcroît de responsabilités au travail. Toutes ces tensions influenceront probablement votre santé dans le futur. Heureusement, la fatigue du mois dernier s'est atténuée. Faites des modifications dans votre foyer pour vous changer les idées.

FÉVRIER (mois 7) amour** travail* santé*

Ce mois d'hiver sera le plus calme de l'année, à l'exception des 7, 16 et 25 qui seront plus agités. Vous aurez moins le désir de sortir et de voir du monde, et pas seulement à cause du froid. Ménagez-vous le plus possible en février ou fuyez vers le Sud.

Le climat amoureux n'est pas mauvais, mais vous avez perdu votre romantisme de janvier et vous sombrez dans une sorte d'inquiétude. Une liaison secrète pourrait malgré tout voir le jour.

Cette étape est particulièrement propice à la réflexion et aux études. À cet égard, votre évolution spirituelle prendra un nouvel élan. Votre carrière est sur la bonne voie, à condition que vous ne forciez rien. Vous aurez peut-être à faire profiter les autres de vos connaissances ou à prouver votre savoir-faire.

On ne peut pas dire que ce mois soit mémorable !

MARS (mois 8) amour* travail** santé***

À l'exception de votre vie privée, le mois de mars augure bien. Contrôlez vos pulsions et apprenez à vous dominer. Vous avez tendance à juger trop vite certains faits.

Vous sortez de votre torpeur avec un regain d'énergie. Ce cycle sera dynamique avec des changements rapides, notamment les 6, 15 et 24.

La vie professionnelle sera très active, mais l'équilibre financier sera instable. Vous pouvez tout de même avoir de la veine à la loterie et dans les spéculations.

Défoulez-vous dans les sports, mais prenez garde aux blessures. Des interventions chirurgicales pourraient avoir lieu.

AVRIL (mois 9) amour* travail* santé**

Vous chercherez certainement l'évasion en avril, d'autant plus que cette étape est très favorable aux voyages et aux rencontres à l'étranger.

Il y a un danger d'instabilité dans vos occupations, mais des démarches finiront par aboutir. De nouvelles ouvertures pourraient se présenter, surtout les 1er, 10, 19 et 28.

Afin de prévenir de petits accidents, essayez de maintenir un rythme de vie plus modéré.

La situation continuera à se détériorer entre vous et l'être aimé. Si vous ne respectez pas la liberté de l'autre, vous vous exposerez à d'importants conflits.

MAI (mois 1) — amour** travail*** santé***

Les soucis qui se sont abattus sur vous en avril disparaîtront comme par enchantement. En mai, vous êtes dans une vibration d'expansion.

N'ayez pas peur d'aller de l'avant, en particulier les 9, 18 et 27. Un renouveau pourrait se produire dans votre emploi. Vos réalisations seront multiples, compte tenu de votre résistance plus grande.

Même votre vie sentimentale sera excitante. Vous vivrez probablement des passions intenses et des coups de foudre. En revanche, les engagements seront pour la plupart superficiels et de courte durée ; ce seront plutôt des feux de paille. Si vous êtes marié, vous aurez à contrôler votre soif d'indépendance.

JUIN (mois 2) — amour** travail* santé**

En juin, le contexte sera très instable et vous devrez lutter pour avoir votre place au soleil. Soyez vigilant afin de ne pas commettre d'erreurs dans votre travail. Par bonheur, votre intuition vous permettra d'entrevoir de nouveaux débouchés.

Les rapports avec l'entourage auront des hauts et des bas. Des doutes vous assailliront, principalement les 9, 18 et 27. Des problèmes ou des excès sexuels pourraient survenir à cause de votre état mental perturbé.

En dépit de tout cela, votre vie amoureuse est sur une bonne voie. Un rendez-vous agréable est possible et les soirées de confidences vous attireront plus que les soirées de divertissements.

JUILLET **(mois 3)** **amour*** travail** santé*****

En ce mois d'été, le soleil brille à l'extérieur et dans votre vie. Des actions porteront des fruits et vous serez épaulé. Vous avez envie de bouger et de voir des gens, et ce goût sera encore plus accentué les 2, 11, 20 et 29. Il y a tellement d'idées qui germent dans votre tête que vous ne savez plus par où commencer.

En outre, la chance vous sourit sur plusieurs plans : les jeux de hasard, les déplacements et la vie sociale. Tout viendra vers vous comme par enchantement.

Par-dessus tout, la vie à deux est harmonieuse. Si vous êtes célibataire, sortez, car vous ferez peut-être la connaissance de la personne de vos rêves.

Vous serez très populaire en juillet ; les invitations fuseront de toutes parts. Profitez-en, vous êtes dans une forme resplendissante !

AOÛT (mois 4) amour* travail** santé*

En août, vous risquez d'avoir des ennuis divers si vous avez fait des excès en juillet. Des tracas financiers pourraient surgir et il faudrait mettre de l'ordre dans vos papiers. Vous devrez travailler fort et vous n'en aurez ni le goût ni l'énergie, surtout les 3, 12 et 21. En effet, vous êtes beaucoup moins vigoureux que vous l'étiez le mois passé.

Les éléments extérieurs vous sembleront un peu contraignants ; vous ne serez pas en mesure d'agir à votre guise. Toutefois, attendez-vous à quelques nouveautés dans votre milieu de travail ou à des changements positifs.

Le conte de fées du mois dernier est fini. Des désaccords sont probables dans votre vie sentimentale à cause d'objectifs différents. D'ailleurs, vous êtes plus préoccupé par le concret ce mois-ci que par la romance.

SEPTEMBRE (mois 5) amour** travail** santé**

Quel mois de septembre mouvementé ! Vous remontez progressivement la pente et vous êtes en effervescence. Cette exaltation pourrait vous faire vivre des aventures amoureuses. La période est tout de même propice à la conception d'un enfant.

Des changements dans vos projets, qui surviendront à la dernière minute, nécessiteront des efforts d'adaptation de votre part. Votre esprit sera très agité, notamment les 6, 15 et 24 ; ne soyez pas trop inconstant.

Attention aux accidents, car vos déplacements seront fréquents et vous serez impulsif ! Ne brûlez pas la chandelle par les deux bouts, même si vous reprenez graduellement le dessus.

OCTOBRE (mois 6) amour** travail** santé**

Voilà un mois qui ressemble à janvier. Des obligations familiales pourraient vous amener à modifier votre horaire de travail et à ralentir vos activités. Par conséquent, vous aurez à vous dépenser beaucoup pour vos proches en octobre, particulièrement les 9, 18 et 27.

Malgré tout, votre taux d'énergie se maintient. Vous ne vous portez pas mieux qu'en septembre, mais pas plus mal non plus.

Les plaisirs ne seront pas aussi intenses qu'en septembre, mais si vous accordez la priorité à votre vie affective, le mois se déroulera sans anicroche. Sous cet angle, il faudra être à l'écoute des autres et être chaleureux. Essayez de trouver plus d'occasions pour être seul avec l'être cher.

NOVEMBRE (mois 7) amour** travail* santé*

En novembre, vous serez plus tranquille que d'ordinaire, à part les 7, 16 et 25. Contrairement aux mois précédents, vous éprouverez le besoin d'être seul et de faire le point. Prenez soin de votre apparence, dorlotez vous, les Fêtes arrivent à grands pas.

D'une manière ou d'une autre, vous ressentirez probablement les abus de septembre. Votre condition physique pourrait donc vous préoccuper.

Il serait bon de vous accorder des pauses pour réfléchir et vaquer à vos occupations favorites. Vous recevrez peut-être des révélations par la méditation. Un voyage serait également bien pensé. De toute façon, l'action sera moins forte dans le secteur professionnel.

DÉCEMBRE **(mois 8)** **amour* travail** santé*****

Voici un mois de décembre mémorable. Des imprévus arriveront et vous songerez à votre boulot pendant les Fêtes. Vous serez peut-être même dans l'obligation de faire un voyage d'affaires. Des gains sont possibles, mais les aspects pécuniaires seront en dents de scie.

Essayez de réserver des moments pour les vôtres, sinon vous nuirez à votre vie personnelle. Si votre raison prime sur vos sentiments, vous le regretterez dans les prochains mois. Utilisez votre dynamisme pour mettre de l'entrain dans les réunions de famille.

Alors que vous vous torturez l'esprit avec vos problèmes, votre santé reprend du mieux.

ANNÉE 6
Harmonie

L'année 6 est une année protégée qui vous permettra de reprendre votre souffle.

TRAVAIL**
ARGENT**

Cette année ne présage pas d'évolution spectaculaire dans la carrière. Les plus avantagés seront ceux qui œuvrent dans les milieux des arts et de la santé ou qui occupent une fonction de conseiller. Utilisez cette étape pour vous adapter aux changements survenus l'an passé ou pour vous réajuster dans vos activités.

Vous aurez aussi des choix à faire ou vous assumerez des responsabilités différentes par rapport à votre travail. Les trois premiers mois sont à éviter pour de nouvelles entreprises.

Les problèmes importants d'argent sont rares durant une année 6, surtout si vous pensez aux autres. Vous pouvez accomplir des opérations immobilières ou redécorer votre lieu de travail.

AMOUR***
SOCIAL

Voilà l'année qu'attendaient les grands romantiques ! La période est réellement propice aux rencontres sentimentales et aux engagements à long terme. Vous pouvez faire la connaissance de la personne de vos rêves n'importe où. D'ailleurs, les célibataires de 18, 30, 42, 54 ou 66 ans penseront à se stabiliser en amour.

Les personnes déjà en couple pourront raffermir leurs liens, peut-être après quelques ajustements. Les disputes durent rarement sous cette vibration. Si vous profitez de ce cycle pour témoigner de votre affection, sans étouffer votre partenaire, tout ira pour le mieux. Ceux qui ont 20, 32, 44, 56, 68 ou 80 ans seront les plus heureux dans le domaine affectif.

La vie familiale devient la préoccupation majeure et la famille s'agrandira peut-être cette année. C'est le temps favorable pour déménager dans un nouveau foyer ou pour modifier votre demeure, et cela pourrait fort bien vous arriver si vous avez 21, 33, 45, 57, 69 ou 81 ans. Vous pouvez donc mettre l'accent sur votre confort.

Les événements familiaux seront nombreux et ceux qui sont âgés de 28, 40, 52, 64 ou 76 ans devront être prudents dans leurs relations avec leur belle-famille pour éviter des tensions.

Des proches auront probablement besoin de votre soutien, surtout si vous avez 21, 25, 33, 37, 45, 49, 57, 61, 69 ou 73 ans. N'hésitez pas à les soutenir si l'on vous le demande. D'une manière ou d'une autre, vous serez possiblement lié par des obligations que vous devrez accepter, en particulier dans les quatre derniers mois de l'année. Les personnes ayant 19, 31, 43, 55, 67 ou 79 ans pourraient avoir des ennuis avec des animaux domestiques.

SANTÉ**
VOYAGES*

N'attendez pas pour consulter si vous avez des malaises pendant cette phase ; vous serez sensible aux virus. Le cœur et la colonne vertébrale sont aussi les points faibles de l'année.

Cette période ne favorise pas beaucoup les voyages, à moins qu'ils soient vraiment nécessaires pour la famille ou les affaires. Si vous devez voyager, choisissez les mois de janvier, mars, octobre et décembre.

CONSEILS

Vous devrez accepter les responsabilités. Soyez disponible pour votre famille et soyez pacifique.

Mois plus chanceux : avril et juin

Mois plus difficiles : mars et septembre

JANVIER (mois 7) **amour** travail* santé***

Ce premier mois de l'année est propice à la réflexion. N'entreprenez rien d'important en janvier, sauf les 3, 12, 21 et 30. Vous venez de sortir d'une année mouvementée ; pensez à en faire le bilan. Vous auriez tort de brûler des étapes. Vous êtes dans un cycle de préparation et de mise en place plutôt que dans un cycle de réalisation.

Dans votre vie sociale, vous aurez le sentiment d'être parfois délaissé par votre entourage et cela vous découragera. Par contre, l'entente est de retour dans votre vie personnelle.

En outre, vous êtes fatigué. Un peu de repos ou un séjour dans les pays chauds ne vous ferait pas de mal en cette période hivernale. Gâtez-vous un peu.

FÉVRIER (mois 8) **amour* travail** santé*****

En février, les questions financières seront omniprésentes. Vous vous tracasserez certainement si vous avez trop dépensé pendant les Fêtes. Sinon, tout ira bien sur ce plan et vous songerez à réaliser des projets, surtout avec votre famille ou avec l'élu de votre cœur. Les activités domestiques sont recommandées les 7, 16 et 25. Des sorties d'argent sont donc probables.

Vos préoccupations seront principalement d'ordre matériel, mais des tensions sont quand même à craindre dans votre vie privée à cause de votre caractère maussade. Laissez les soucis de côté afin de ne pas détériorer vos liens amoureux. Par ailleurs, quelques ondes négatives viendront perturber votre vie familiale.

Heureusement, vous avez recouvré votre vitalité !

MARS (mois 9) amour* travail* santé**

Vos émotions pourraient être sévèrement fouettées en mars. En effet, vous serez sollicité par vos proches. Des obligations familiales ralentiront votre travail, particulièrement les 6, 15 et 24. Ainsi, il faudrait vous contenter de finaliser vos projets déjà entrepris.

Des déceptions amoureuses sont à l'horizon et vous serez hypersensible. Néanmoins, les contacts humains seront très enrichissants ; mettez en pratique l'amour inconditionnel.

Vous trouverez mille excuses pour fuir les ennuis quotidiens et, de ce fait, le mois est bien protégé pour les grands voyages. De plus, les communications avec l'étranger profitent d'influx positifs.

AVRIL (mois 1) amour** travail*** santé***

Avril est le premier mois réellement important pour ce qui est de l'action, d'autant plus que vous êtes débordant d'énergie. Votre situation financière s'améliorera. Vos occupations reprendront avec de nouvelles tâches et vous aurez la capacité nécessaire pour les assumer, notamment les 9, 18 et 27.

Vous devez surtout compter sur vous-même, et le mois est effectivement chanceux pour les travailleurs autonomes.

Vous sortez d'une phase nostalgique qui vous rendait peu communicatif. Ce mois-ci, votre vie affective prendra une direction différente, plus plaisante que négative, et cela pourrait être causé par votre transformation intérieure. Cette situation donnera un souffle nouveau à votre union. Cette ambiance agréable se poursuivra dans les prochains mois.

MAI (mois 2) **amour** travail* santé****

Ne vous attendez à rien de particulier sur le plan professionnel en mai, sauf si vous êtes un artiste. Vous aurez tendance à vous énerver pour des riens et votre rendement sera moins satisfaisant. Ne laissez pas votre nervosité prendre le dessus. Vous feriez donc mieux de remettre les questions matérielles à plus tard et de ne réaliser que les travaux essentiels.

Les satisfactions que vous ne trouverez pas au travail seront toutefois présentes dans vos fréquentations. Vous serez encore gâté sur le plan des sentiments. Si vous êtes seul, les rencontres sont facilitées, spécialement les 1er, 10, 19 et 28.

Vous auriez intérêt à être plus souvent avec votre partenaire. Cela créerait une meilleure harmonie entre vous et la compréhension en serait d'autant meilleure. Des engagements à long terme pourraient d'ailleurs être pris.

JUIN (mois 3) **amour*** travail** santé*****

En ce mois d'été, votre créativité et votre vigueur sont à leur maximum. De plus, des relations professionnelles pourraient vous apporter des propositions alléchantes.

Vous êtes dans une phase sentimentale paisible et excellente pour concevoir un enfant. Si vous avez déjà des enfants, ils vous apporteront des joies. Les célibataires feront des connaissances intéressantes.

Les échanges avec les autres seront profitables et votre vie sociale sera active en juin, surtout les 2, 11, 20 et 29. Vous aurez maintes occasions de vous distraire avec votre famille et les amis, et les déplacements sont à conseiller.

JUILLET (mois 4) **amour** travail** santé***

Un seul aspect risque de vous empêcher d'être tout à fait bien dans votre peau en juillet : votre santé fragile.

Une période plus stable s'installe dans le travail, mais vous serez affairé malgré tout. Attention, ne surchargez pas trop vos journées, vous vous fatiguerez vite ! Vous devriez ne rien planifier pour les 3, 12, 21 et 30 afin de vous détendre.

Juillet convient bien aux sujets sérieux. Votre côté pratique et votre côté émotionnel se livreront un combat intérieur. Je vous suggère de régler vos affaires de famille ou d'effectuer des modifications dans votre foyer.

Même si vos fonctions vous empêchent d'être aussi disponible que vous le désireriez, il faudrait allouer du temps à ceux que vous chérissez. Sachez également vous adapter à votre entourage.

Vous pouvez consolider une relation, car votre désir de sécurité prévaut. Les gens libres devraient être très sélectifs dans leur choix amoureux.

AOÛT (mois 5) **amour** travail** santé****

Autant juillet a été ardu, autant le mois d'août sera plaisant. Un vent de renouveau viendra balayer cette phase. Par ailleurs, août serait parfait pour déménager. Le milieu de travail sera agité : prenez garde à des conflits avec vos collègues.

Votre soif de liberté pourrait nuire à votre vie de couple. En effet, vous ne serez pas souvent chez vous. Il y aura des possibilités d'aventures pour tout le monde.

En revanche, vous pourriez être sujet à de légers malaises psychosomatiques. Les 2, 11, 20 et 29 sont à surveiller en ce sens. Vous devriez vous distraire par des voyages d'agrément, c'est le moment de vous amuser.

SEPTEMBRE (mois 6) **amour* travail* santé****

Vous entrez dans un cycle moins excitant que les semaines antérieures. Cette vibration sera assez difficile sur plusieurs plans, à moins que vous n'assumiez vos responsabilités. Vous aurez plus de latitude les 8, 17 et 26. Les rapports sociaux seront prédominants en septembre.

Les communications dans le milieu de travail seront encore mauvaises. Par contre, il y aura du succès dans le secteur des arts et de l'immobilier.

Les contraintes issues de la vie quotidienne pèseront lourd ; des obligations familiales sont à prévoir. Vous devrez faire des concessions et être plus tolérant avec votre conjoint. Des mésententes flottent dans l'air. Peut-être avez-vous exagéré le mois précédent ?

De plus, vous pourriez avoir de petits maux de dos.

OCTOBRE (mois 7) amour** travail* santé*

L'automne s'annonce pénible. Votre niveau d'énergie est bas et cela est en partie causé par votre attitude psychologique. Il faudrait vous remettre en forme et vous accorder du repos. Faire un grand voyage ne serait pas une mauvaise solution. Pensez davantage à vous-même, vous avez vécu pour les autres toute l'année.

Une aventure amoureuse secrète verra peut-être le jour. Pour plusieurs, un sentiment d'ennui les envahira, principalement les 9, 18 et 27. Pourtant, les nuages qui s'étaient installés entre vous et l'être aimé se sont dissipés.

La vie professionnelle sera aussi peu marquante qu'elle l'a été en septembre, mais vous devrez probablement démontrer vos connaissances. Il serait préférable de réévaluer vos orientations et de ne pas insister pour faire avancer les choses plus vite.

NOVEMBRE (mois 8) amour* travail** santé***

Novembre est favorable pour les transactions, surtout dans le domaine de l'immobilier. Si vous voulez faire des achats pour embellir votre foyer, allez-y ! Les journées 7, 16 et 25 seraient appropriées.

Toutefois, vous devrez subir quelques épreuves. Par exemple, des pressions vous seront peut-être imposées au travail. Par chance, votre capacité de récupération est excellente et vous pouvez dire adieu aux complications d'ordre physique pour les mois à venir.

La vie amoureuse passera en dernier lieu pour vous, mais vous aurez quand même des ajustements à faire. Votre impulsivité vous attirera des ennuis, étant donné que vous serez porté à agir sur des coups de tête.

DÉCEMBRE (mois 9) amour* travail* santé**

Ce Noël-ci pourrait être différent des autres, car votre moral sera bas. En effet, vous vous ferez du souci pour vos proches. Certains ne seront pas présents cette année ou alors vous aurez des obligations familiales.

Au lieu de pleurer sur votre sort, réconfortez votre prochain. La priorité doit être mise sur l'amour universel si vous voulez obtenir le bonheur en décembre.

Il y aura encore des pressions de l'extérieur et il faudrait principalement achever les tâches en cours. Cela vous permettra de repartir du bon pied en janvier.

Si vos finances vous le permettent, un voyage au loin serait une idée géniale.

ANNÉE 7
Intériorisation

L'année 7 en est une de repos. Elle sera un peu plus active si vous avez 24, 36, 48, 60 ou 72 ans.

TRAVAIL*
ARGENT*

Il est préférable de ne rien entreprendre de nouveau cette année. Tout ira au ralenti, surtout pendant les deux premiers mois. Freinez vos ambitions jusqu'à l'an prochain et faites plutôt une rétrospection. Il est aussi déconseillé de changer d'emploi.

Profitez de cette période pour suivre des cours, vous recycler ou vous perfectionner dans votre travail. En effet, cette phase favorise principalement les activités intellectuelles et psychiques. Elle sera donc agréable pour les chercheurs, les étudiants, les médiums, etc. Si vous avez agi correctement ces dernières années, vous vivrez la paix intérieure et l'harmonie.

Cette étape est avant tout spirituelle et les matérialistes affronteront des difficultés pour les obliger à prendre conscience de certains principes de la vie. Plus vous essaierez de gagner de l'argent, plus vous aurez des entraves. En revanche, l'argent ou les coups de chance pourraient arriver de manière inattendue pour ceux qui ont confiance. Suivez vos intuitions, qui seront fortes.

AMOUR**
SOCIAL

La vie affective sera agitée pour ceux qui ont 20, 32, 44, 56, 68 ou 80 ans. Les gens mariés pourront avoir des liaisons secrètes ou auront besoin de prendre du recul. Attention ! Les squelettes sortent des placards dans l'année 7.

Si vous êtes célibataire, le temps est approprié pour les unions, mais évitez les personnes déjà engagées. Vous pouvez rencontrer l'amour de votre vie lors d'un voyage, en suivant des cours ou en fréquentant des écoles, des bibliothèques ou des lieux spirituels, par exemple. Cependant, la majorité d'entre vous éprouveront, durant l'année, des sentiments de solitude qui seront nécessaires à des prises de conscience.

SANTÉ*
VOYAGES***

Vous vous sentirez fatigué, autant moralement que physiquement, en particulier si vous avez 25, 37, 49, 61 ou 73 ans. Si vous ne ralentissez pas, vous causerez des déséquilibres dans votre organisme et vous pourrez tomber malade. Les points faibles de l'année sont les systèmes glandulaire et endocrinien.

Durant ce cycle, développez votre vie spirituelle et faites le point dans votre vie.

Prenez vos vacances dans des centres de santé ou faites des voyages qui sortent de l'ordinaire, par exemple des croisières, des safaris, etc. C'est le temps de prendre de longs congés et d'aller vous ressourcer dans la nature. Par-dessus tout, évitez de fuir dans l'alcool ou la drogue.

CONSEILS

Vous devez mettre l'accent sur les activités intellectuelles et spirituelles. Il ne faudra pas être matérialiste.

Mois plus chanceux : mars et décembre

Mois plus difficiles : avril et septembre

JANVIER (mois 8) **amour* travail** santé*****

Janvier pourrait bien se dérouler si ce n'était des tourments affectifs qui vous affligeront. De plus, les rapports humains seront assez difficiles. Vous sentez une grande force intérieure et vous avez tendance à imposer vos idées.

En ce début d'année, vous avez également de la difficulté à vous ajuster à cette nouvelle vibration plus spirituelle. Vous réfléchissez surtout à des sujets concrets.

Réglez vos affaires importantes les 9, 18 et 27. Les prochains mois seront défavorables aux questions financières.

Pour ce qui est de la vitalité, vous avez gagné du terrain sur le mois dernier.

FÉVRIER (mois 9) **amour* travail* santé****

En février, ça ne bougera pas beaucoup côté travail et il serait préférable d'achever ce qui a déjà été commencé. Vous devez prendre votre mal en patience et vous concentrer sur l'essentiel. Vous aurez un peu plus de marge de manœuvre les 1er, 10, 19 et 28. En revanche, les projets sociaux et humanitaires sont bien appuyés à ce stade-ci.

Des tracas émotifs supplémentaires vous porteront à prendre vos distances en février. Malgré tout, il faut que vous ayez une pensée positive. Ne laissez pas les problèmes extérieurs troubler votre psychisme.

Compte tenu des conditions de ce mois, il serait opportun de vous envoler vers le Sud ou de prendre des vacances.

MARS (mois 1) amour** travail*** santé***

Tout joue en votre faveur ce mois-ci. Les influences dynamiques de mars vous poussent à agir et vous avez un regain d'énergie. Songez à de nouveaux plans, car votre mental est vif. Un événement imprévu pourrait se produire au travail et vous ferez des pas en avant dans votre domaine.

Vous pouvez être attiré par de nouvelles philosophies de vie qui modifieront votre façon de penser.

Dans votre vie relationnelle, il y a du progrès, mais, puisque votre désir d'indépendance est fort, des mises au point devront être faites. Il faudrait que vous preniez soin de votre douce moitié, spécialement les 1er, 10, 19 et 28.

AVRIL (mois 2) amour* travail* santé**

En avril, vous vivrez dans un contexte d'incertitude et le climat se détériorera à nouveau. Vous avez le cœur romantique, mais attention de ne pas être désillusionné ! Si vous n'avez pas d'affinités spirituelles avec votre conjoint, des tempêtes affectives s'abattront sur vous.

Par surcroît, votre vie intime pourrait être perturbée par des épreuves liées aux autres. Vos fréquentations amicales seront meilleures et vous ne devriez pas rester seul pendant cette période. Il serait bon de vous retirer dans un endroit tranquille avec un être aimé. Les 9, 18 et 27 seraient idéaux pour cela.

Sur les plans professionnel et financier, tout est assez calme et au ralenti. Vous regrettez que vos projets n'avancent pas aussi vite que le mois passé. Occupez-vous plutôt de votre vie intérieure.

Vous devez maîtriser vos émotions afin de préserver votre santé.

MAI (mois 3) amour** travail** santé***

Voici un mois plus plaisant. Votre inspiration est forte et vous pourriez remarquer une augmentation de vos biens, bien que ce domaine soit instable.

Les activités mentales et socioculturelles sont davantage favorisées. Ainsi, vous serez probablement appelé à participer à des discussions intéressantes au cours desquelles vous pourrez vous faire valoir.

Les réunions amicales, avec des échanges surtout intellectuels, seront nombreuses. Néanmoins, il y aura encore des divergences d'opinions pour certains couples. La situation a quand même progressé comparativement à celle du mois d'avril.

Sortez de votre coquille et décompressez un peu en mai. Votre condition physique est excellente et vous devriez faire du sport ou des randonnées, en particulier les 9, 18 et 27.

JUIN (mois 4) amour** travail** santé*

Vous serez plus terre à terre, en juin, à cause de contraintes matérielles. Il existera un conflit entre votre côté spirituel et votre côté pratique.

La vie professionnelle sera peut-être marquée par des accords inespérés. Toutefois, vous aurez beaucoup d'efforts à fournir dans votre boulot. Vous êtes en train d'établir des bases solides pour l'avenir.

En ce qui a trait aux sentiments, il y aura peu de changement pour les gens qui sont en couple depuis longtemps. Cependant, la solitude pourrait devenir pesante pour les célibataires. Extériorisez-vous plus, notamment les 8, 17 et 26.

Vous percevrez des signes de fatigue et vous aurez des décisions à prendre à propos de votre santé. Voyez-y, la maladie vous guette !

JUILLET (mois 5) **amour** travail** santé*****

Juillet sera plus animé que les autres mois et il sera propice aux découvertes. Vous avez repris du mieux et vous sentirez un besoin de changement intérieur et d'évasion.

Pour ces raisons, les loisirs seront importants. Vous serez très pris. Ne délaissez pas votre travail. L'inattendu ne fera pas défaut non plus.

Vous aurez envie de liberté. Certains penseront à se séparer sur un coup de tête. À l'inverse, les célibataires feront des rencontres facilement, surtout les 9, 18 et 27.

Les déplacements sont recommandés ce mois-ci.

AOÛT (mois 6) **amour** travail** santé****

En août, il n'y a rien de spécial à signaler en ce qui concerne le travail, sauf quelques choix à faire. Vous accomplirez votre petit train-train quotidien. Si vous êtes trop matérialiste, des obstacles pourraient surgir.

Vous prenez les problèmes de la famille à cœur ; ne soyez pas trop exigeant avec vos proches. Les tracas de la vie courante vous pèsent un peu trop. Vous devriez vous défouler les 8, 17 et 26.

Même si c'est moins palpitant que le mois précédent, vous aurez droit à des instants savoureux avec l'être cher. Vous n'aurez presque pas besoin de parler pour vous comprendre. Vous ressentirez des frustrations dans votre vie amoureuse, seulement si vous recherchez trop la perfection.

SEPTEMBRE (mois 7) **amour* travail* santé***

Évitez de traiter des questions financières en septembre, sinon vous pourriez avoir des pertes d'argent. Reportez vos investissements au mois d'octobre. Il faudrait vous livrer de préférence à des occupations de nature intellectuelle : littérature, recherche, etc. Pourquoi ne pas vous inscrire à un cours cet automne ?

Pour ce qui est de votre vie intime, le sort vous favorise moins qu'au cours des derniers mois. Elle vous occasionnera des soucis, étant donné que le dialogue ne sera pas bon, principalement les 9, 18 et 27. Trouvez du réconfort dans la spiritualité ou allez visiter des contrées lointaines ce mois-ci.

De plus, vous devriez être davantage à l'écoute de votre corps, car votre tonus est à la baisse. Faites au moins des promenades à l'extérieur.

OCTOBRE (mois 8) amour* travail** santé***

Contrairement à septembre, les vibrations sont plus positives. Vous retrouvez votre forme physique et morale. Vous refaites surface et vous commencez à quitter ces états méditatifs qui inquiétaient votre entourage. Puis, vous serez encore un peu tiraillé entre les poursuites matérielles et les richesses spirituelles.

De toute manière, vous êtes dans une période chanceuse. Profitez-en pour consolider des projets en octobre, particulièrement les 5, 14 et 23. Vous pouvez accomplir des transactions, si vous n'êtes pas capable d'attendre l'an prochain.

Votre vie affective sera reléguée au second plan parce que vos préoccupations seront surtout d'ordre financier. Cette attitude détériorera vos liens avec les intimes.

NOVEMBRE (mois 9) amour* travail* santé**

Vous vivrez des émotions intenses au cours de novembre et, tout compte fait, le moment serait bien choisi pour un grand voyage à l'étranger.

Dans votre vie privée, la situation a continué à se détériorer. En fait, un concours de circonstances pourrait vous forcer à faire des activités en solitaire, peut-être les 7, 16 et 25.

Heureusement, des affaires compliquées trouveront un dénouement ou des actions que vous avez amorcées aboutiront enfin. Les rapports avec le public ou la communauté sont fortement encouragés.

Réjouissez-vous, tout ira mieux en décembre.

DÉCEMBRE (mois 1) amour** travail*** santé***

Quelle merveilleuse fin d'année ! Vous êtes dans un mois de transition et les influences réalistes de l'année qui vient vous poussent à aller de l'avant. Tous les espoirs sont permis, puisque vos conditions de travail pourraient aussi s'améliorer d'elles-mêmes.

Ne négligez pas votre spiritualité, même si vous avez juste le goût de dépenser ce trop-plein d'énergie.

Il faudrait sortir de votre isolement et aller vers les autres. Les relations sociales seront harmonieuses durant les Fêtes. En somme, seul un léger manque de communication persistera avec votre partenaire.

ANNÉE 8
Concrétisation

La vibration 8 est avant tout matérielle et vous devez garder l'équilibre dans tous les domaines. De plus, la vie extérieure vous accaparera beaucoup.

TRAVAIL**
ARGENT**

Vous êtes plus occupé que l'an passé. Des projets se réaliseront grâce à l'appui de votre entourage, notamment si vous avez 26, 38, 50, 62 ou 74 ans. Ce n'est pas le moment de chômer ; vous devrez être énergique. Les meilleurs mois pour réaliser des affaires sont février et novembre.

La première partie de l'année est favorable pour la spéculation et les transactions, surtout pour acheter, mais pour vendre aussi. Les investissements à long terme sont préférables. Quant à la seconde partie, réglez les affaires courantes et organisez vos finances.

Après une période de réflexion, vous récoltez le bon et le mauvais que vous avez semés au cours des années antérieures. Des pertes financières sont donc probables pour certains. La loi du retour s'applique durant cette phase.

Plusieurs occasions opportunes se présenteront malgré tout cette année, particulièrement pour les personnes qui ont

22, 34, 46, 58, 70 ou 82 ans. De plus, un héritage est possible pour ceux qui sont âgés de 17, 29, 41, 53, 65 ou 77 ans.

Votre pouvoir personnel pourrait augmenter. Les procès peuvent être gagnés, mais évitez d'attirer les foudres sur vous par un comportement arrogant. Ne jouez pas avec le feu.

AMOUR*
SOCIAL

La vie affective n'est pas marquante cette année, sauf si vous avez 18, 30, 42, 54, 66 ou 78 ans. Il est conseillé d'agir avec douceur dans vos rapports avec les autres durant cette période. Les problèmes sentimentaux doivent être réglés, sinon vous vivrez peut-être une rupture l'an prochain. Il peut quand même y avoir des séparations cette année ou des choix à faire, et les risques sont plus grands si vous êtes âgé de 21, 33, 45, 57 ou 69 ans.

Vos élans passionnels seront intenses. Une rencontre peut se produire lors d'une transaction financière ou dans une cour de justice, par exemple. Les mariages d'argent sont possibles à ce stade-ci. Les plus chanceux en amour seront ceux qui ont 20, 32, 44, 56, 68 ou 80 ans.

SANTÉ***
VOYAGES*

Surveillez votre alimentation, car votre digestion est plus lente ; des désordres intestinaux sont possibles. Vous pourriez également avoir des douleurs musculaires ou divers petits maux à cause d'imprudences. Cependant, la santé est bonne dans l'ensemble, même si vous n'avez guère le temps de vous en occuper.

Le cycle est neutre pour les voyages en général, mais les déplacements d'affaires sont favorisés.

CONSEILS

Vous devez apprendre l'équilibre matériel. Il faudra éviter les abus de pouvoir.

Mois plus chanceux : février et novembre

Mois plus difficiles : août et octobre

JANVIER (mois 9) amour* travail* santé**

L'atmosphère est très émotive en ce début d'année. Votre vie amoureuse vous apportera des tracas. Un grand vide s'installera dans votre cœur.

En outre, vous pourriez éprouver des difficultés sur le plan financier à cause d'autres personnes. Ne mettez sur pied aucun nouveau projet avant le mois prochain, même si vous en avez envie, à l'exception des 1er, 10, 19 et 28.

Les actions orientées vers le bien-être de l'humanité sont recommandées. Vous pouvez aussi envisager un grand voyage, vous ne le regretteriez pas.

FÉVRIER (mois 1) amour** travail*** santé***

Février sera un mois rempli de rebondissements de toutes sortes. Après la pause nécessaire de janvier, la priorité doit maintenant être mise sur le côté matériel. Soyez à l'affût des occasions opportunes ! Les circonstances évolueront rapidement et vos finances se rétabliront.

Vous pouvez donc faire des achats ou signer des contrats. De grandes réalisations concrètes sont possibles. Il y a même un espoir d'avancement dans votre profession.

De plus, votre vie sentimentale prend un tournant positif et vous débordez d'énergie. Ralentissez quand même un peu les 6, 15 et 24.

MARS (mois 2) **amour*** travail** santé****

Vous conserverez un doux souvenir de ce mois de mars. Votre travail ne vous apportera que des satisfactions. Même s'il y a des fluctuations ou de la lenteur, votre bonne étoile vous protégera. Vous pouvez encore négocier des contrats ; fiez-vous à votre intuition qui est forte.

De grandes joies vous attendent dans l'intimité. Le temps est propice aux unions et aux activités à deux, notamment les 9, 18 et 27. Certains verront même leur condition financière s'améliorer grâce à leur conjoint.

Attention de ne pas être trop tendu et ne laissez pas les craintes envahir votre esprit.

AVRIL (mois 3) **amour** travail** santé*****

En avril, des développements pourraient se produire dans votre carrière grâce à des contacts de haut niveau. Vous participerez à de multiples occupations. Vos idées germeront comme les bourgeons dans les arbres. Les rapports commerciaux seront meilleurs que les rapports personnels.

La vie de couple sera effectivement un peu moins agréable ; quelques discussions sont prévisibles. Toutefois, le cercle de vos relations s'agrandira et vous aurez droit à des preuves d'amitié remarquables.

Vous êtes plein de vigueur. Faites donc des sorties à l'extérieur, spécialement les 2, 11, 20 et 29. Il faudra en revanche contrôler vos dépenses, qui seront nombreuses.

MAI (mois 4) **amour* travail** santé***

Vous vivrez un mois de mai de grande activité en ce qui concerne votre emploi. L'efficacité et la détermination seront récompensées. Vous continuez sur votre lancée des mois précédents.

Soyez sur vos gardes, car on peut essayer de vous nuire ! Des rentrées d'argent sont quand même probables si vous vous préoccupez bien des détails.

L'entente amoureuse ne sera pas facile. Vous aurez l'impression que la malchance s'abat sur vous dans ce domaine. Vous ne connaîtrez pas le même succès que le mois passé en société. Les journées 8, 17 et 26 seront plus harmonieuses.

Ces soucis se répercuteront sur votre physique et des examens médicaux pourront s'avérer nécessaires. Il y a également des possibilités de petits accidents corporels.

JUIN (mois 5) **amour** travail** santé*****

En juin, vous êtes dans un cycle de prospérité sur le plan financier. Vous pourriez faire des bénéfices ou des gains à la loterie. Cependant, évitez de dépenser à la légère ; surveillez votre budget.

En amour, vous vivrez peut-être des coups de foudre. Votre vitalité étant puissante, vos passions seront très intenses. Maîtrisez vos pulsions, sinon vous vous attirerez des problèmes.

Le moment n'est pas approprié pour subir une opération chirurgicale et il y a un risque de blessures liées à votre insouciance. Veillez à contrôler votre hyperactivité les 9, 18 et 27.

Il faudrait vous distraire et quelques jours de vacances seraient bien mérités. D'une manière ou d'une autre, vous aurez l'occasion de vous déplacer.

JUILLET (mois 6) **amour** travail** santé****

Vous vous sentirez pris entre deux feux en juillet : les sentiments et la carrière. La famille interférera donc dans vos occupations. Accordez plus d'attention à vos proches pour éviter des discordes et consacrez-vous à votre travail, surtout les 7, 16 et 25.

La flamme ardente de juin s'est apaisée, mais les vibrations sont encore positives en ce moment. Soyez vigilant, car il pourrait y avoir des remises en question dans votre vie personnelle pour les mois futurs. Vous devez trouver le juste milieu entre vos émotions et votre raison.

L'équilibre matériel sera fragile, soit par négligence soit par imprudence. Néanmoins, des signatures de contrats sont encore possibles ce mois-ci, surtout dans le domaine immobilier. Par-dessus le marché, le mois est bien choisi pour déménager.

AOÛT (mois 7) amour* travail* santé*

Dans l'ensemble, vous étiez plus comblé le mois dernier. Vous vous sentirez seul, puisque votre partenaire ne vibrera pas au même diapason que vous. Les disputes et les malentendus seront fréquents en août, particulièrement les 9, 18 et 27. Inutile de déverser votre stress à l'extérieur ; cherchez plutôt la paix à l'intérieur de vous-même ou l'évasion par les voyages.

En ce mois d'été, votre esprit d'analyse est aiguisé et vous devriez vous en servir pour réfléchir à vos stratégies. Vous serez inspiré en affaires et vous aurez de la veine au jeu. Par contre, septembre sera préférable pour l'action et les transactions importantes.

Vous êtes moins en forme ce mois-ci et votre énergie sera variable. Par-dessus tout, vous devez équilibrer votre vie spirituelle et votre vie matérielle.

SEPTEMBRE (mois 8) amour* travail** santé**

Septembre est le mois le plus important de l'année pour les questions financières, mais il pourrait y avoir des hauts et des bas. Vos performances au travail sont au summum et il y a de l'électricité dans l'air.

Cependant, il ne faudrait pas vous laisser aller à des actes impulsifs dans votre vie professionnelle et privée, surtout les 6, 15 et 24. Apprenez à vous maîtriser et gardez la mesure, même dans vos finances.

Votre vie sexuelle sera insatisfaisante, même si votre magnétisme est grand. De légers problèmes médicaux peuvent survenir, mais vous reprenez du poil de la bête, comparativement au mois d'août.

OCTOBRE (mois 9) amour* travail* santé**

Vous aurez intérêt à cultiver l'optimisme en octobre. L'influence de l'année qui vient se fait sentir et vous rendra hypersensible, en particulier les 2, 11, 20 et 29.

Les altercations avec l'entourage se poursuivront et des procès pourraient avoir lieu. Vous avez trop tardé à régler vos conflits et il est normal que le climat se soit envenimé. Pour compenser, partagez vos avoirs avec votre prochain en octobre.

Les choses n'avancent pas aussi rapidement que vous le souhaiteriez et je vous suggère de finaliser les travaux amorcés et de vous mettre à jour. De plus, la période est idéale pour les achats et les ventes.

L'étranger est favorisé; vous pouvez donc projeter un voyage ce mois-ci.

NOVEMBRE (mois 1) amour** travail*** santé***

Voici un mois décisif, car le succès vous sourit en novembre. Vous aurez la chance d'augmenter vos revenus et d'acquérir de nouveaux biens.

Au travail, vous ne tiendrez pas en place et l'action sera intense, principalement les 3, 12, 21 et 30. Vous pouvez démarrer de nouvelles activités, mais ce serait plus rentable de vous réorganiser avant la fin de l'année.

De petits affrontements pourraient assombrir encore votre vie sentimentale si vous êtes trop égoïste. Toutefois, la situation progresse réellement.

Bonne nouvelle, votre vitalité est à son maximum.

DÉCEMBRE (mois 2) amour*** travail* santé**

Pour les Fêtes de cette année, partagez les frais avec les autres. Il faudrait faire votre part et coopérer avec vos proches. Surtout, conservez votre calme avec vos intimes, car vous en subiriez les conséquences dans les mois à venir.

En général, c'est sur le plan affectif que vous aurez les plus grands plaisirs parce que vous retrouverez une grande passion qui n'existait plus depuis un certain temps.

À l'opposé, tout n'ira pas pour le mieux dans votre vie professionnelle, qui sera marquée par de nombreux retards. Je vous conseille d'assister à une cérémonie religieuse pour vous apaiser.

ANNÉE 9
Évaluation

L'année 9 est une année «karmique» qui peut être difficile; c'est le bilan. C'est la période du grand nettoyage durant laquelle il faut vous détacher de certaines choses avant de recommencer un nouveau cycle.

Les plus chanceux seront ceux qui ont 20, 32, 44, 56, 68 ou 80 ans. La fin de l'année sera plus plaisante pour tout le monde.

TRAVAIL*
ARGENT*

Il y aura des dénouements de situations en ce qui concerne la profession: des mutations, des retraites et des engagements rompus. Vous serez plus concerné si vous avez 19, 31, 43, 55 ou 67 ans. Il serait préférable de ne pas signer de contrats importants. Ne commencez rien de nouveau cette année, à moins que cela ne soit un projet à court terme ou la suite logique d'une démarche déjà amorcée dans les années précédentes.

Il est plutôt recommandé de conclure et de terminer les travaux en cours. Cependant, des actions de nature humanitaire ou pour la collectivité peuvent être entreprises. L'année est propice aux études, aux arts, aux sciences humaines et aux relations internationales.

Les finances seront instables, mais vous pouvez réaliser des gains par la vente. Évitez les achats importants avant octobre. Certains retireront encore des bénéfices des années antérieures bien vécues, mais d'autres feront peut-être faillite.

AMOUR*
SOCIAL

Les *flirts* commencés à ce stade-ci ont peu de chance de durer. Il en est de même pour les amitiés. Vous ne devez pas trop vous attacher, même si vous vous sentez sentimental. Ce sont principalement les unions entre deux êtres spirituels ou les rencontres reliées à l'étranger qui sont avantagées sous cette vibration. Vous pourriez donc fréquenter des gens d'autres nationalités.

Les séparations sont aussi nombreuses, particulièrement pour les couples qui n'ont pas réglé leurs problèmes l'an dernier. Des chagrins affectifs sont probables pour les personnes qui ont 18, 21, 30, 33, 42, 45, 54, 57, 66 ou 69 ans et surtout au cours de l'été. Une mortalité est aussi possible dans votre entourage, notamment si vous avez 17, 29, 41, 53, 65 ou 77 ans.

Les émotions seront donc fortes parce que vous pourriez subir des pertes. Pour être heureux cette année, vous devez surtout miser sur l'amour universel. Changez-vous les idées en faisant du bénévolat et participez à des activités sociales ou communautaires, vous pourriez y faire de belles rencontres.

SANTÉ**
VOYAGES***

Le psychisme sera fragile, puisque vous aurez des leçons à apprendre de vos erreurs passées. Vous serez plus touché si vous êtes âgé de 25, 37, 49, 61 ou 73 ans. Ne vous apitoyez pas trop sur votre sort, mais c'est une bonne phase pour prendre votre santé en main. Vous serez plus en forme à la fin de l'année.

Le secteur des voyages est protégé tout le long de l'année et les déplacements à l'étranger seraient une source d'enrichissement.

CONSEILS

Vous devez développer votre sens humanitaire ; impliquez-vous dans une œuvre de charité. Il faut aussi inspirer les autres par votre intégrité.

Mois plus chanceux : mars et décembre

Mois plus difficiles : juillet et septembre

JANVIER (mois 1) amour** travail*** santé***

Vous entamez bien l'année et vous êtes énergique en janvier. Vous vous remettez vite des Fêtes.

Vous maîtrisez bien les événements et une affaire qui traînait aboutira. Les démarches avec l'extérieur seront couronnées de réussite, surtout si vous recherchez la notoriété. En effet, le succès est grand pour les activités qui touchent le public.

Néanmoins, de petits nuages pourraient assombrir votre vie privée si vous pensez trop à vous. Soyez plus attentionné les 1er, 10, 19 et 28 en particulier.

FÉVRIER (mois 2) amour** travail* santé**

Ce mois s'annonce fertile en émotions et votre moral sera fragile, spécialement les 5, 14 et 23. Par-dessus tout, ne fuyez pas dans les plaisirs artificiels, même si vous vivez un sentiment d'insécurité par rapport à votre emploi. Vous étiez décidément plus efficace le mois précédent.

Le domaine affectif sera un peu mieux. Toutefois, les relations à deux auront des hauts et des bas, tout comme votre moral. Vous êtes difficile à comprendre et vous auriez intérêt à être conciliant. Organisez donc un tête-à-tête le jour de la Saint-Valentin pour rétablir votre situation amoureuse.

Dans un autre ordre d'idées, il pourrait se produire une ouverture spirituelle qui aura des conséquences agréables. Tout ce qui est lié à l'étranger est aussi positif.

MARS (mois 3) **amour*** travail** santé*****

Enfin, voici l'éclaircie que vous espériez ! Vos projets prendront de l'expansion, principalement les 7, 16 et 25. Votre imagination est en pleine ébullition et les gens œuvrant dans le milieu artistique seront donc les plus avantagés. Vous nouerez des contacts intéressants et vous aurez des appuis.

Les affaires de cœur ont pris une bonne tournure, car le dialogue est meilleur. Vous désirez partager votre joie autour de vous et il est salutaire de vous distraire ce mois-ci. Vous devriez également faire de l'exercice pour entretenir la forme, même si vous êtes plein de vigueur.

Les fréquentations de personnes d'une autre nationalité seraient stimulantes et les déplacements seraient heureux à cette époque-ci.

AVRIL (mois 4) **amour* travail** santé***

Rien ne sera facile en avril, et ne ménagez pas vos efforts, notamment les 9, 18 et 27. Vous ferez face à des blocages. Une occupation pourrait même prendre fin.

La prudence est obligatoire, étant donné que des problèmes financiers ou administratifs sont probables. Je vous conseille d'ailleurs d'éviter la publicité et les procès sous cette vibration.

Vous aurez l'impression d'être incompris en amour, mais, de grâce, n'aggravez pas les choses par votre mauvais caractère.

De plus, une sensation d'épuisement couronnera le tout. Cependant, votre optimisme vous soutiendra durant cette étape.

MAI (mois 5) **amour** travail** santé*****

Après les tensions d'avril, vous avez besoin d'évasion et la chance vous accompagnerait en voyage. Vous devriez planifier des sorties en mai.

Vous pourriez vivre une transformation intérieure à cause de certaines souffrances émotionnelles passées. Pour l'instant, votre magnétisme est fort et cela harmonise vos rapports avec les proches. Le climat amoureux s'améliorera, mais il risque quand même d'être instable.

Les communications à grande échelle sont profitables. De nouvelles perspectives sont à votre portée, au travail ; il y a du mouvement et de l'énergie dans l'air. Vous serez infatigable et encore plus les 5, 14, 23.

JUIN (mois 6) **amour* travail** santé****

L'aspect émotionnel qui prévaut particulièrement les 3, 12, 21 et 30 troublera l'ambiance de ce mois de juin et vous affaiblira. Ne soyez pas trop perfectionniste dans l'exécution de vos fonctions.

Ceux qui œuvrent dans le milieu artistique ou humanitaire seront épaulés. En outre, les relations avec le public sont rentables.

Des tâches d'ordre domestique sont à prévoir ce mois-ci. De plus, votre entourage vous décevra et des ruptures sont possibles. Malgré tout, ne vous apitoyez pas sur votre sort. Il faudrait plutôt vous dévouer pour une bonne cause à la place, et n'oubliez pas la fête des Pères.

Consolez-vous, votre ascendant sur les autres est fort tout en étant subtil à ce stade-ci.

JUILLET (mois 7) **amour* travail* santé***

Les semaines à venir ne vous apporteront pas les joies que vous espérez. Juillet représente un temps d'arrêt. Pour ces raisons, vous constaterez peu d'évolution sur le plan professionnel. Il y aura même un ralentissement qui vous permettra de vous reposer ou de vous envoler vers des cieux plus cléments.

Il est important de prendre soin de vous, puisque vous traversez une phase de fragilité. Étant donné votre fatigue physique et morale, je vous suggère d'aller à la campagne.

Vous retirerez peu de satisfaction dans votre vie personnelle. Aucune discorde à l'horizon, plutôt un retrait volontaire de votre part.

Vous êtes animé d'une grande sagesse et vous devriez en faire profiter tout le monde, surtout les 2, 11, 20 et 29. Voici une étape toute désignée pour du bénévolat.

AOÛT (mois 8) **amour* travail** santé*****

Quelle remontée d'énergie en ce chaud mois d'août ! Vous vous êtes vite remis sur pied. Votre ambition est forte et vous êtes efficace, surtout les 2, 11, 20 et 29.

Ce cycle est propice pour les transactions internationales, mais ne prenez pas de risques inutiles. Il faut être vigilant dans vos engagements, même si vous êtes protégé. Des plans commenceront à se concrétiser et vous apercevrez la lumière au bout du tunnel.

D'autre part, essayez de ne pas trop régenter les gens, sinon vous en subirez les contrecoups. De toute façon, vous aurez beaucoup de concessions à faire avec l'être cher.

SEPTEMBRE (mois 9) **amour* travail* santé***

Vous devrez possiblement affronter des circonstances pénibles en septembre, surtout dans votre vie privée. Vous aurez peut-être des sacrifices à faire. En principe, il pourrait y avoir des perturbations du côté sentimental qui vous apporteront des désillusions et du chagrin.

Vos nerfs seront à fleur de peau et ce sera pire les 9, 18 et 27. Votre santé sera probablement perturbée par l'accumulation des émotions négatives de ces derniers mois.

En ce qui a trait à vos activités, si vous ne vous occupez que des travaux déjà entrepris, vous pouvez escompter des résultats.

Seulement les séjours à l'étranger sont favorisés sous cette vibration.

OCTOBRE (mois 1) amour** travail*** santé***

Ce mois-ci, vous avez le goût d'être plus actif et de reprendre votre vie en main. En réalité, vous ne manquerez pas de vitalité en octobre, notamment les 7, 16 et 25. Par surcroît, vous pouvez déjà semer pour l'an prochain.

Le contexte est idéal pour vous mettre en valeur et étendre votre influence vers l'extérieur. Des actions pour aider les autres seraient aussi bienvenues.

Si vous n'êtes pas trop indépendant en amour, tout se déroulera bien comparativement aux mois passés.

NOVEMBRE (mois 2) amour** travail* santé**

On peut qualifier novembre de mois stressant, mais vous avez déjà connu des jours plus sombres.

Vous n'aurez pas le contrôle de votre vie professionnelle ; les contretemps seront inévitables. Vous vous sentirez dépendant des événements, excepté les 8, 17 et 26.

De plus, quelques problèmes affectifs risquent de vous faire perdre votre entrain. Soyez plus coopératif avec votre conjoint et tout continuera à bien aller.

Gardez le moral, car le mois de décembre sera joyeux !

DÉCEMBRE (année 3) **amour*** travail** santé*****

Vous êtes appelé à terminer ce cycle en beauté parce que le ciel redevient bleu en décembre. Vous oublierez toutes les tensions qui ont parsemé l'année. Du reste, il y aura des développements positifs au travail.

Sortez pour faire de nouvelles connaissances et partagez votre joie de vivre. Il ne faudrait refuser aucune invitation en cette période des Fêtes, car vos rapports avec l'entourage seront plaisants. Vous serez le centre d'attraction dans les réunions où vous irez et votre sens de l'humour allégera l'atmosphère.

Les endroits lointains vous attireront et vous pourrez donner libre cours à ce désir sans problèmes. Prenez la vie du bon côté, vous serez occupé dans un futur rapproché !

CHAPITRE 3

Trucs pour choisir le moment idéal

Pour connaître les actions favorables pour une journée, un mois ou une année, vous devez calculer la vibration de la période désirée. Grâce à ces calculs, vous pourrez choisir à bon escient le meilleur moment pour agir.

Vous avez appris à calculer la vibration d'une année, au chapitre 2, en additionnant les chiffres de votre jour et de votre mois de naissance à l'année en cours ou à toute autre année de votre choix. Dans ce chapitre, vous apprendrez à calculer la vibration d'un mois et d'une journée.

Vibration mensuelle

Dans le texte des prévisions mensuelles, chaque mois est suivi d'un chiffre entre parenthèses qui indique sa vibration.

Vous n'avez qu'à noter ce chiffre et à chercher dans le tableau 3.3 les actions recommandées pour ce mois.

Vous pouvez aussi trouver la vibration d'un mois en particulier de deux autres façons. La vibration de l'année, que vous avez calculée précédemment, est nécessaire :

1. Cherchez, dans le tableau 3.1, le mois désiré et notez le chiffre qui apparaît sous la vibration annuelle.

   Par exemple, dans une vibration annuelle 5, juillet a une vibration 3. Dans une vibration annuelle 8, ce même mois a une vibration 6.

   OU

2. Prenez la vibration de l'année et ajoutez-y le chiffre du mois comme il apparaît dans le calendrier.

   Par exemple, si la vibration de l'année est 2 et que vous voulez connaître la vibration de mars (troisième mois de l'année), vous additionnez les chiffres 2 et 3. Vous obtenez alors le nombre 5 (2 + 3 = 5) pour la vibration de ce mois.

N'oubliez pas que les mois n'ont pas toujours la même vibration chaque année.

Tableau 3.1 – Vibrations mensuelles

Mois \ Vibration annuelle	1	2	3	4	5	6	7	8	9
Janvier	2	3	4	5	6	7	8	9	1
Février	3	4	5	6	7	8	9	1	2
Mars	4	5	6	7	8	9	1	2	3
Avril	5	6	7	8	9	1	2	3	4
Mai	6	7	8	9	1	2	3	4	5
Juin	7	8	9	1	2	3	4	5	6
Juillet	8	9	1	2	3	4	5	6	7
Août	9	1	2	3	4	5	6	7	8
Septembre	1	2	3	4	5	6	7	8	9
Octobre	2	3	4	5	6	7	8	9	1
Novembre	3	4	5	6	7	8	9	1	2
Décembre	4	5	6	7	8	9	1	2	3

Vibration journalière

Vous pouvez trouver la vibration d'une journée en particulier de deux façons. La vibration du mois, que vous avez calculée précédemment, est nécessaire :

1. Cherchez, dans le tableau 3.2, le jour désiré et notez le chiffre qui apparaît sous la vibration mensuelle.

   Par exemple, dans une vibration mensuelle 4, le vingt-quatrième jour de ce mois a une vibration 1. Dans une vibration mensuelle 1, ce même jour a plutôt une vibration 7.

   OU

2. Prenez la vibration du mois et ajoutez-y le chiffre du jour comme il apparaît dans le calendrier.

   Par exemple, si la vibration du mois est 5 et que vous voulez connaître la vibration du vingt-deuxième jour de ce mois, vous additionnez les chiffres 5 et 22. Vous obtenez alors le nombre 9 (5 + 22 = 27 = 2 + 7 = 9) pour la vibration de cette journée.

   Si vous voulez connaître la vibration du 1er mai dans un cycle annuel 6, vous additionnez le chiffre du jour, soit 1, et la vibration de ce mois dans l'année 6, soit 2 (tableau 3.1). Vous obtenez alors le nombre 3 (1 + 2) pour la vibration de cette journée.

Dans le texte des prévisions mensuelles, je me suis servie de la vibration du jour pour les dates mentionnées.

Veuillez noter qu'il est préférable de faire commencer la vibration du jour avec votre heure de naissance, si vous la connaissez.

Tableau 3.2 – Vibrations journalières

Jour du calendrier \ Vibration mensuelle	1	2	3	4	5	6	7	8	9
1	2	3	4	5	6	7	8	9	1
2	3	4	5	6	7	8	9	1	2
3	4	5	6	7	8	9	1	2	3
4	5	6	7	8	9	1	2	3	4
5	6	7	8	9	1	2	3	4	5
6	7	8	9	1	2	3	4	5	6
7	8	9	1	2	3	4	5	6	7
8	9	1	2	3	4	5	6	7	8
9	1	2	3	4	5	6	7	8	9
10	2	3	4	5	6	7	8	9	1
11	3	4	5	6	7	8	9	1	2
12	4	5	6	7	8	9	1	2	3
13	5	6	7	8	9	1	2	3	4
14	6	7	8	9	1	2	3	4	5
15	7	8	9	1	2	3	4	5	6
16	8	9	1	2	3	4	5	6	7
17	9	1	2	3	4	5	6	7	8
18	1	2	3	4	5	6	7	8	9
19	2	3	4	5	6	7	8	9	1
20	3	4	5	6	7	8	9	1	2
21	4	5	6	7	8	9	1	2	3
22	5	6	7	8	9	1	2	3	4
23	6	7	8	9	1	2	3	4	5
24	7	8	9	1	2	3	4	5	6
25	8	9	1	2	3	4	5	6	7
26	9	1	2	3	4	5	6	7	8
27	1	2	3	4	5	6	7	8	9
28	2	3	4	5	6	7	8	9	1
29	3	4	5	6	7	8	9	1	2
30	4	5	6	7	8	9	1	2	3
31	5	6	7	8	9	1	2	3	4

Choix d'une activité ou du moment idéal

Après avoir calculé la vibration de l'année, du mois ou du jour désiré, vous devez consulter les tableaux 3.3 et 3.4 pour vous aider à prendre des décisions et à faire des choix judicieux.

Le tableau 3.3 vous permet de faire ce qui suit :

- connaître la liste des actions favorables pour une période donnée ;

  Par exemple, dans une vibration 1, le démarrage d'une activité est indiqué. Il en est de même pour les mutations, les prises de décisions, etc. Dans une vibration 4, l'épargne est conseillée.

- sélectionner le moment idéal pour une activité particulière en cherchant le nombre qui lui correspond dans le tableau ;

Par exemple, pour une réunion familiale, vous seriez mieux de choisir un mois ou un jour avec une vibration 6, car la famille apparaît dans la liste des activités qui sont favorisées avec ce nombre. Si vous avez l'intention d'effectuer un grand voyage à l'étranger, vous seriez mieux de partir dans un mois ou une année avec une vibration 7 ou 9. La vibration 3 serait bonne aussi, car elle est idéale pour les vacances, selon le tableau 3.3.

Dans un cycle annuel 6, par exemple, la date du 1er mai serait parfaite pour souper avec des amis, parce qu'elle est sous la vibration journalière 3 (voir l'exemple précédent à la page 124). Cependant, cette journée ne serait pas la meilleure pour des transactions financières.

Pour faire un gros achat ce mois-là, vous auriez plutôt intérêt à choisir une journée de vibration 4, soit les 2, 11, 20 ou 29 mai ou de vibration 8, soit les 6, 15 ou 24 mai. En effet, en additionnant les chiffres de ces jours au nombre 2, qui est la vibration de mai dans l'année 6 (tableau 3.1), le total donne 4 ou 8.

Tableau 3.3 – Choix d'une activité ou du moment idéal

VIBRATION	ACTIONS FAVORISÉES
1	l'initiative, le commencement ou le démarrage d'une action, un changement de travail, une mutation, une promotion, les prises de décisions, les prises de rendez-vous, les rapports avec les hommes ;
2	les associations, les unions, une réconciliation, une naissance, une rencontre, la coopération, le travail en équipe, la collaboration, les négociations, les rapports avec les femmes ;
3	les activités sociales, les relations amicales, les rencontres, les loisirs, la vie mondaine, les sports, les vacances, les déplacements, les arts, la créativité, l'écriture, l'autoexpression, une naissance, l'expansion ;
4	les aspects matériels, un dur labeur, les activités sérieuses, une stabilisation, une structuration, la sécurité, l'épargne, l'organisation, la mise en ordre, la construction, l'achat, la vente ;
5	les aventures amoureuses, la liberté, la nouveauté, un changement de travail, la publicité, les communications, les déplacements, les divertissements, une naissance ;

VIBRATION	ACTIONS FAVORISÉES
6	la famille, les responsabilités, les obligations, les unions, les activités domestiques, le foyer, un déménagement, l'immobilier, le romantisme, les rencontres, les arts ;
7	la solitude, la réflexion, l'intuition, l'analyse, une période sabbatique, la méditation, la recherche, la religion, les remises en question, les études, le perfectionnement, l'écriture, les vacances, un voyage lointain, une croisière, le repos, la retraite, les soins de santé ;
8	les transactions financières, les affaires, l'achat, la vente, les dépenses d'argent, les investissements, un contrat, un avancement ;
9	la finalisation ou l'achèvement d'une activité, une rupture, le bénévolat, la vente, l'étranger, un voyage lointain, la notoriété, la popularité.

Le tableau 3.4 vous permet d'évaluer d'un seul coup d'œil les secteurs les plus et les moins favorisés avec chaque nombre. Les étoiles vous indiquent le degré de chance qui se rapporte à chacun d'eux.

Tableau 3.4 – Secteurs chanceux

VIBRATION	AMOUR	TRAVAIL	ARGENT	SANTÉ	VOYAGES
1	*	***	**	***	*
2	***	*	*	**	*
3	**	**	**	***	**
4	*	**	*	*	*
5	**	**	**	***	**
6	***	**	**	**	*
7	**	*	*	*	***
8	*	**	**	***	*
9	*	*	*	**	***

* chances faibles
** chances modérées
*** chances élevées

Comme vous pouvez le constater, certains nombres avantagent un domaine plus qu'un autre. Vous pouvez donc utiliser ce tableau pour choisir une année, un mois ou même une journée en particulier. Quand vous accomplissez une action ou commencez un projet à long terme sous la vibration appropriée, vous mettez toutes les chances de votre côté.

Par exemple, si vous vous lancez en affaires dans un cycle annuel 1, les chances de succès sont très bonnes, car il y a trois étoiles dans le secteur du travail. Par contre, les voyages sont moins chanceux avec cette vibration. Si vous commencez une relation amoureuse dans un cycle annuel 2 ou 6, les chances pour que cette relation dure longtemps sont plus élevées, à cause du nombre maximum d'étoiles dans ce secteur.

Vous ne devez pas oublier qu'un secteur protégé durant un cycle peut s'avérer mauvais pour vous, selon les actes que vous avez faits antérieurement. L'inverse est également vrai. Tout peut bien se passer dans un domaine considéré comme problématique. Cela dépend de l'usage précédent de votre libre arbitre, et la loi du retour s'applique en tout temps. Les expériences que vous vivez actuellement sont le résultat de ce que vous avez fait avant. Votre futur est un état potentiel qui dépend de vos comportements passés et présents, de la manière dont vous utilisez votre libre choix.

Prenons l'exemple d'une personne qui serait dans un cycle annuel 6, chanceux pour les amours, et qui négligerait son partenaire depuis longtemps. Il n'est pas dit qu'une séparation n'aura pas lieu cette année-là, malgré les vibrations positives. L'on récolte ce que l'on sème, étant donné que la loi de cause à effet est toujours à l'œuvre.

Dans un autre ordre d'idées, si vous allez en voyage dans un cycle annuel 9 et que vous commettez de grandes imprudences, vous pouvez vous attirer des problèmes, même si cette année-là est propice aux déplacements. Il faut être logique.

En résumé, on peut dire que l'on sème et que l'on s'affirme dans un cycle 1. On s'associe dans un cycle 2. On s'extériorise dans un cycle 3. On travaille dans un cycle 4. On s'épanouit dans un cycle 5. On manifeste de l'intérêt pour les autres et on aime dans un cycle 6. On fait le point et on se repose dans un cycle 7. Dans un cycle 8, on récolte. Enfin, dans un cycle 9, on fait le ménage pour se préparer à partir du bon pied dans un cycle 1.

CHAPITRE 4

Cycles de l'âge

En plus de la forte influence de votre cycle annuel, il existe un cycle qui est relié à votre âge. En effet, à chaque anniversaire, vous changez de cycle. Comme pour la roue du zodiaque, ce cycle se déroule en sens inverse des aiguilles d'une montre depuis le secteur I, puis XII, et ainsi de suite.

Vous découvrirez que votre existence est probablement plus mouvementée dans le secteur qui se rapporte à votre âge actuel. Pour le connaître, vous n'avez qu'à chercher l'âge que vous avez en ce moment dans le tableau 4.1 et à noter le numéro du secteur correspondant. Chaque secteur est en rapport avec un aspect de votre vie.

Ces influences commencent le **jour de votre anniversaire** et durent un an. Vous pouvez donc chevaucher deux secteurs de vie durant la même année si vous êtes né au milieu de l'année. Deux secteurs de vie seront alors à considérer : celui qui précède votre anniversaire et celui qui suit immédiatement votre date de naissance.

Par exemple, si votre anniversaire est le 9 mai et que vous avez 40 ans en 2015, vous serez dans le secteur IX à partir du 9 mai 2015 jusqu'au 9 mai 2016, date à laquelle vous entrerez dans le secteur VIII, car vous aurez alors 41 ans.

Si vous êtes né le 28 décembre et que vous avez 63 ans en 2015, vous serez dans le secteur X à partir du 28 décembre 2015 jusqu'au 28 décembre 2016, date à laquelle vous entrerez dans le secteur IX, à 64 ans.

Tableau 4.1

SECTEUR DE VIE	**ÂGE**							
I	0	12	24	36	48	60	72	84
XII	1	13	25	37	49	61	73	85
XI	2	14	26	38	50	62	74	86
X	3	15	27	39	51	63	75	87
IX	4	16	28	40	52	64	76	88
VIII	5	17	29	41	53	65	77	89
VII	6	18	30	42	54	66	78	90
VI	7	19	31	43	55	67	79	91
V	8	20	32	44	56	68	80	92
IV	9	21	33	45	57	69	81	93
III	10	22	34	46	58	70	82	94
II	11	23	35	47	59	71	83	95

Vous trouverez dans le tableau 4.2 la signification de chacun de ces secteurs qui ressemblent aux maisons en astrologie. Les secteurs I à III concernent nos besoins immédiats, et les secteurs IV à VI ont un lien avec notre environnement proche. Nos contacts avec autrui se rapportent aux secteurs VII à IX et l'élargissement de notre univers a un lien avec les secteurs X à XII.

Vous constaterez qu'à certaines époques, il arrive plus d'événements dans un domaine de votre vie que dans un autre. Par exemple, quand vous traversez le secteur IV, la famille ou le foyer sont au premier plan durant cette période-là. Quand vous traversez le secteur X, c'est plutôt la vie professionnelle, et ainsi de suite.

Tableau 4.2

SECTEUR DE VIE	SIGNIFICATION
I	un renouveau, la personnalité, l'influence sur les autres, le statut personnel, l'apparence physique ;
XII	les épreuves, les troubles psychosomatiques, une maladie, tout ce qui est caché, les ennemis, l'adversité, le karma ;
XI	la clientèle, les rencontres, les appuis, les contacts, la vie sociale, les amitiés ;
X	la vie professionnelle, les projets, la position sociale, les ambitions, la popularité, le père ;
IX	les études supérieures, les voyages lointains, l'étranger, le développement spirituel, l'édition, la belle-famille ;
VIII	les procédures légales, un héritage, l'argent, une transformation, des problèmes sexuels, une mortalité ;

SECTEUR DE VIE	SIGNIFICATION
VII	les associations, la vie de couple, les contrats, les ennemis ;
VI	le travail quotidien, les relations avec les collègues, la santé, les animaux domestiques ;
V	les amours, les loisirs, la procréation, les enfants ;
IV	la famille, la résidence, le foyer, un héritage, la parenté, une mortalité, la fin d'une relation, la mère ;
III	les courts déplacements, les études, le courrier ou la correspondance, les contacts, les communications, les relations avec l'entourage proche (frère, sœur, voisin) ;
II	les affaires, les revenus, les acquisitions matérielles, l'argent.

Voici un aperçu de ce qui pourrait vous arriver durant la période où vous avez l'âge qui suit :

12, 24, 36, 48, 60, 72 ou 84 ans (secteur I)

Vous remarquerez du renouveau dans votre vie. Vous sentirez d'ailleurs le besoin de changer votre apparence ou votre style. Votre influence sur les autres sera plus forte et cela pourra avoir un effet sur votre statut personnel.

13, 25, 37, 49, 61, 73 ou 85 ans (secteur XII)

Voici le secteur le moins chanceux, car vous pourrez faire face à des adversités. Cela pourra vous occasionner des maladies ou des troubles psychosomatiques.

14, 26, 38, 50, 62, 74 ou 86 ans (secteur XI)

La vie publique et les rencontres sont favorisées. Vous pouvez recevoir des appuis grâce à des contacts.

15, 27, 39, 51, 63, 75 ou 87 ans (secteur X)

Le domaine professionnel sera le plus mouvementé. Dans un cycle annuel 1, par exemple, vos ambitions peuvent se réaliser.

16, 28, 40, 52, 64, 76 ou 88 ans (secteur IX)

Ce secteur touche les études, l'édition et les grands voyages. Le développement spirituel est aussi important.

17, 29, 41, 53, 65, 77 ou 89 ans (secteur VIII)

Plusieurs options sont possibles : vous pouvez être préoccupé par des procédures légales, une mortalité, des histoires d'argent ou des problèmes sexuels.

18, 30, 42, 54, 66, 78 ou 90 ans (secteur VII)

L'action se passe sur le plan des associations, en amour surtout. Des signatures de contrat sont possibles aussi.

19, 31, 43, 55, 67, 79 ou 91 ans (secteur VI)

Le milieu de travail quotidien, les animaux domestiques et souvent la santé sont des sujets d'actualité à ces âges.

20, 32, 44, 56, 68, 80 ou 92 ans (secteur V)

Vous traversez un domaine chanceux, car il est propice aux amours et aux loisirs. Vous pouvez penser à concevoir un enfant ou vous aurez des joies venant de vos enfants.

21, 33, 45, 57, 69, 81 ou 93 ans (secteur IV)

C'est le secteur de la famille et du foyer. Un déménagement est d'ailleurs possible. Vous pourrez subir la fin d'une relation, surtout si votre cycle annuel est 9.

22, 34, 46, 58, 70, 82 ou 94 ans (secteur III)

Les courts déplacements sont souvent fréquents durant cette période. Les relations avec l'entourage, surtout sous forme de courrier, sont nombreuses. Le moment est bien choisi aussi pour suivre des cours.

23, 35, 47, 59, 71, 83 ou 95 ans (secteur II)

Vos revenus peuvent changer. Vous aurez probablement des affaires à traiter ou des dépenses à effectuer pour des acquisitions matérielles.

INTERPRÉTATION

L'étude de ces 12 secteurs vous apporte plus de précisions sur les événements que vous vivrez durant une année. Dans le texte des prévisions annuelles, j'en ai d'ailleurs tenu compte. *Il est du reste fortement conseillé de faire des rapprochements entre votre cycle de l'âge et votre cycle annuel, donc de combiner les deux.*

Par exemple, si vous êtes dans un cycle annuel 1, année d'un nouveau départ, et que vous traversez le secteur X, secteur professionnel, vous saurez alors que ce nouveau départ se fera probablement sur le plan du travail.

À 35 ans, vous traversez le secteur II, secteur des finances, et si, en même temps, vous êtes dans un cycle annuel 8, de nature matérielle, cela viendrait vous confirmer que le côté financier prédominera durant cette phase.

Les secteurs concernés seront positifs ou négatifs selon votre nombre annuel et vos agissements antérieurs. L'essentiel est de tirer profit de ces renseignements pour axer vos efforts dans le sens de la vibration. Par exemple, un bon moment pour éditer un livre serait le secteur IX qui se rapporte à l'édition. Le secteur X qui a trait à la vie professionnelle et le secteur III ne seraient pas mauvais non plus.

Il est sûr qu'il ne vous arrivera pas nécessairement tous les événements mentionnés. Cela peut être l'un ou l'autre parmi ceux qui sont énumérés pour chaque secteur et cela dépend surtout de l'année personnelle que vous traversez en même temps.

CONCLUSION

Connaissant la numérologie depuis de nombreuses années, j'ai pu expérimenter consciemment les courants de chaque cycle. Bien que plusieurs personnes sceptiques ne voient dans la synchronicité que du hasard et des coïncidences, ce sont justement des événements synchrones qui m'ont amenée à écrire ce livre. Je désirais donc vous offrir un moyen facile et rapide pour connaître les tendances futures de n'importe quelle période afin de pouvoir profiter, vous aussi, de la synchronicité.

Il est certain qu'il existe en numérologie d'autres critères que nous devons prendre en considération pour connaître avec plus de précision les événements d'une année et d'une vie. Ce sont des techniques d'interprétation plus élaborées que vous pouvez apprendre dans les cours que je donne, car nous sommes toujours sous l'influence de plusieurs nombres en même temps.

Si vous voulez connaître la signification de tous vos nombres, je vous suggère la lecture de mes livres *Le code secret de votre nom* et *Le message caché de votre date de naissance,* publiés chez le même éditeur.

Dans mon livre *La Chirologie : Votre destin dans les lignes de votre main*[3], vous apprendrez ce que la destinée vous réserve dans votre main passive. Vous pourrez ainsi mieux utiliser votre libre arbitre et profiter des occasions inscrites dans votre main.

Si vous désirez me faire part de vos commentaires, suivre des cours ou faire analyser vos lignes de la main ou votre thème « numérologique », voici mes coordonnées :

Claire Savard

Téléphone : 418 872-0730

Courriel : clairesavard@hotmail.com

Site Internet : www.rencontrevoyance.cjb.net/

3. Claire Savard, *La Chirologie : Votre destin dans les lignes de votre main*, Québec, Le Dauphin Blanc, 2014.

BIBLIOGRAPHIE

AVERY, Kevin Quinn. *La vie secrète des chiffres*, L'Étincelle, 1988.

AVERY, Kevin Quinn. *Les années personnelles*, États-Unis.

AVERY, Kevin Quinn. *Le transit des maisons astrologiques*, États-Unis, 1977.

AVERY, Kevin Quinn. *L'inclusion*, États-Unis.

BUESS, Lynn. *La numérologie – Pour mieux vivre avec soi et les autres*, du Rocher, 1991.

BUNKER, Dusty. *Numerology and Your Future*, Para Research, 1980.

BUNKER, Dusty, et Faith JAVANE. *Numerology and The Divine Triangle*, Para Research, 1979.

BUNKER, Dusty, et Victoria KNOWLES. *Birthday Numerology*, Para Research, 1982.

CAMPBELL, Florence. *Your Days Are Numbered*, De Vors, 1983.

CHABOCHE, François-Xavier. *Vie et mystère des nombres*, de Compostelle, 1989.

CHRISTEL, Alain-Victor. *Le guide pratique de la nouvelle numérologie*, de Vecchi, 1989.

DE LOUVIGNY, Philippe. *Le livre de la numérologie*, Solar, 1991.

DE LOUVIGNY, Philippe. *Vos nombres, mode d'emploi*, JC Lattès, 1989.

DE SAINT-AMANS, Michel. *L'intelligence et le pouvoir des nombres*, Artulen, 2001.

FERMIER, Jean-Daniel. *ABC de la numérologie*, Jacques Grancher, 1984.

FERMIER, Jean-Daniel. *Numérologie Année 90*, Jacques Grancher, 1990.

FERMIER, Jean-Daniel. *Numérologie – Le livre des cycles*, Jacques Grancher, 1988.

FERMIER, Jean-Daniel. *Vos prévisions numérologiques 1994*, Jacques Grancher, 1993.

FIRMIN, A. *Les nombres dévoilés*, Ediru, 1989.

GIRARD, Danielle. *Les nombres et leurs messages*, Jeanne Laffitte, 1988.

GOODWIN, Matthew Oliver. *Numerology – The Complete Guide*, tomes 1 et 2, NewCastle Publishing Company, 1981.

GUILPIN, Georges. *La vie au fil des chiffres*, du Dauphin, 1998.

HALFON, Roger. *Astro-numérologie*, Sélect, 1981.

HALFON, Roger. *Vos chiffres pour la vie*, Albin Michel.

JEANNE. *Numerology*. Center for Truth Press, États-Unis, 1987.

JORDAN, Dr Juno. *Numerology*, J.F. Rowny Press, 1982.

JOUVEN, Georges. *Les nombres cachés*, Dervy, 1978-1982.

LASALLE, Pierre. *Numérologie holistique*, de Vecchi, 1990.

MESNARD, Brigitte. *L'horoscope numérologique*, de Vecchi, 1987.

NOTTER, François. *La numérologie humaniste*, Hierarch, 1991.

NOTTER, François. *Le grand livre de la numérologie*, 15e édition, de Vecchi, 2004.

PARRA, François. *La loi des nombres*, Yva Peyret, 1988.

PICHÉ, Brenda. *Guide complet de numérologie*, tomes I et II, dc Mortagnc, 1987 ct 1994.

ROTH-DUQUESNE, Marie-Louise. *La numérologie autrement*, Jacques Grancher, 1990.

SAVARD, Claire. *À la recherche du partenaire idéal par la chirologie et la numérologie*, de Mortagne, 1998.

SAVARD, Claire. *La numérologie : le code secret de votre nom*, Le Dauphin Blanc, 2014.

SAVARD, Claire. *La numérologie : le message caché de votre date de naissance*, Le Dauphin Blanc, 2014.

SAVARD, Claire. *Les clés numérologiques de votre évolution spirituelle et personnelle*, Quebecor, 1996.

SAVARD, Claire. *Prévisions numérologiques pour la vie*, Quebecor, 1994.

SAVIGNY-VESCO, Marguerite. *Le secret des nombres*, Bussière, 1989.

STAS, Pierre Michael. *La numérologie du bon sens*, Concraid, 2012.

TAPIERO, A.O. *Les nombres et le destin*, Mercure de France,1983.